Dorothea Neumayr

ERWECKE DIE KRAFT DER GÖTTIN IN DIR

Mit weiblicher Weisheit den Rhythmus des Jahres erleben

Rituale
Meditationen
Rezepte

Für Stefanie

nymphenburger

Inhalt

Zum Geleit

Die Liebe zur Natur wurde mir in die Wiege gelegt, in meinen Kindertagen war sie mir Spielplatz und Quell meiner Kreativität, beseelt von Elfen, Feen und Gnomen. Bäume waren mein heimlicher Rückzugsort, Bäche ließen mich Zeit und Raum vergessen, ich sprach mit Blumen, Tieren und Steinen, sie alle waren meine Freunde. Bis heute ist mir die Natur heilsames Refugium und wichtigste Kraftquelle meiner Ressourcen.

Kaum konnte ich lesen, begann ich Märchen zu „verschlingen" und bald weckten Sagen und Mythen mein Interesse. Das Sagenbuch des klassischen Altertums meines Vaters, das noch in alter Schrift gedruckt war, ging in meinen Besitz über und ließ mich nie mehr los. Vielleicht nicht von ungefähr, denn der altgriechische Name „Dorothea", die weibliche Form von „Geschenk Gottes", ist wohl ein Geschenk der Göttin.

Viel später lernte ich erst die Analogien dieser archetypischen Figuren in der Psychologie und Soziologie kennen und bin seitdem fasziniert davon, dass wir alle dieses uralte Wissen tief in uns tragen. Das Wort „Archetyp" stammt aus dem Griechischen und bedeutet „Urbild". In der Psychologie wird damit eine unbewusste Energie bezeichnet, die in symbolischen Bildern wie in Träumen, Meditationen, Mythen und Märchen erfahrbar ist.

Diese Urprinzipien sind so alt wie die Menschheit selbst und dennoch völlig zeitlos. Sie spiegeln sich in unseren Verhaltensmustern und begegnen uns im täglichen Leben. Je bewusster wir sie erkennen und integrieren, desto besser können wir uns und unsere Mitmenschen verstehen. Gleichgültig ob bei Goethe oder Shakespeare, in den Opern von Mozart, Verdi oder Wagner – überall begegnen uns die verschiedensten Archetypen. Walt Disney hat in seinen Filmen jede einzelne Figur archetypisch brillant besetzt, ebenso Steven Spielberg und viele andere namhafte Regisseure.

Die Archetypen sind zu einem wichtigen Teil meiner Arbeit geworden und fließen in meine Bücher und Beratungen ein. Daraus haben sich Seminare entwickelt, denen ein ganzheitliches Frauenbild zu Grunde liegt, in Wertschätzung der weiblichen Vielfältigkeit. Und plötzlich kamen die Göttinnen „ins Spiel" und ihre unterschiedlichen Anteile, die in der Psyche jeder Frau lebendig sind. Als bei einem Seminar mit ganz anderem Thema acht völlig unterschiedliche Frauentypen vor mir standen, war der Schlüsselmoment gekommen, in dem die Göttinnen auf die Bühne traten. Ich durfte an diesem einzigartigen Schauspiel teilhaben, ab und zu kleine „Regieanweisungen" geben, es war wie eine Initiation.

Die Wurzeln dazu liegen bereits in meiner Kindheit. Als „kleine Schwester" musste ich mich gegen meine beiden älteren Brüder zur Wehr setzen und lebte so das wilde, ungezähmte Mädchen. Für meine große Schwester durfte ich zum Glück Prinzessin sein. Mein Vater, Arzt und Humanist, liebte es zu philosophieren und legte großen Wert auf Bildung, bei ihm konnte die Athene in mir punkten. In der Pubertät durfte natürlich die Rebellin als Hippiemädchen der Sechzigerjahre in mir leben. Später spielte Venus Aphrodite die Hauptrolle und wurde in der Schwangerschaft von der mütterlichen Göttin abgelöst. Die Frage „Wer bin ich?" konnte also nie zufriedenstellend beantwortet werden.

Durch die Archetypenlehre nach C. G. Jung lernte ich die unterschiedlichen Anteile meiner Persönlichkeit kennen und besser verstehen, was

sehr hilfreich war, um auch andere Menschen besser in ihrem Wesen zu erkennen. Diese Erkenntnis macht das Leben und meine Arbeit unglaublich viel leichter, denn sie befreit von Begrenzungen und eingefahrenen Denkmustern. Weiblichkeit hat unendlich viele Dimensionen und bunte Facetten. Mythen von Göttinnen, die in jedem Lebensalter ihr ganzes Potenzial leben, können das Vertrauen in unsere weibliche Kraft stärken.

Deshalb schätze ich mich sehr glücklich, Dir dieses Buch ans Herz legen zu dürfen, Dir so Deine bewussten und unbewussten inneren Anteile in Gestalt von Göttinnen näherzubringen, damit Du sie erkennen und anerkennen, ihnen Raum und Bühne geben kannst. Jede Göttin in Dir bringt ihre eigene Weisheit mit, ihre ganz individuelle Energie, jede bedeutet eine besondere Ressource und ist in verschiedenen Situationen hilfreich. Wenn Du wesentliche Anteile Deiner Weiblichkeit in den unterschiedlichen Göttinnen gespiegelt siehst, wirst Du Deine reiche innere Vielfalt unglaublich wertschätzen lernen.

Mag sein, dass manche Göttin Dir fremd ist, Du sie vielleicht sogar ablehnst und diese vergebens auf ihren Auftritt auf der Bühne Deines Lebens wartet. Irgendwann wird sie vielleicht ungeduldig oder sogar zornig und stürmt hervor, will ihren Platz einnehmen im Ensemble. Wenn Du weise Regie führst in Deiner Lebensgeschichte, näherst Du Dich ihr, lernst sie vorsichtig kennen und gibst ihr Raum. So kann sie zu einem wertvollen Schatz für Dich werden und Dich unglaublich bereichern.

Natürlich gibt es in jeder Lebensphase andere Hauptrollen und manche Nebenrolle ist durch unsere Gefühlswelt bestimmt, wie z. B. „die Wütende“ oder „die Eifersüchtige“. So können sich neue Aspekte zeigen, ein anderer Blickwinkel bringt unbekannte Facetten ins Spiel, intuitiv-weibliches Potenzial darf sich entwickeln. Wundervoll daran ist, dass Du nichts Neues lernen musst, alles ist schon in Dir. Es bedarf einzig des Wunsches, die Göttin zu finden, eines offenen Herzens, sie zu „er-leben“ und des Vertrauens in ihre kraftvolle Weisheit.

Das Besondere an diesem Buch ist das Erkennen des Eingewobenseins der Göttin in den Wandel der Natur, der uns in seinen rhythmisch wiederkehrenden Zyklen erleben lässt, wie eng wir mit diesen Mysterien im Inneren verbunden sind. In unserem Lebenszyklus durchwandern wir ebenfalls den Wandel der Jahreszeiten von Werden, Reifen und Vergehen. Das Jahresrad entspricht symbolisch unserem Lebensrad und jeder Abschnitt darauf birgt seine ganz eigenen Aufgaben und Möglichkeiten. Gleichgültig, wo wir uns gerade befinden, steht es uns frei, jede Stufe mehrfach zu durchleben oder auch zu überspringen, z. B. wenn uns jenseits der Menopause die große Liebe begegnet.

In unserer Kultur kennen wir die astronomischen Wendepunkte der Sonne im Jahreskreis, die Winter- und Sommerbeginn kennzeichnen und die Gleichgewichtspunkte, Äquinoktien, im Frühling und Herbst, an denen Tag und Nacht gleich lang sind. In alten Kulturen feierte man dazu noch vier Mondfeste, die jeweils zu Beginn der Monate Februar, Mai, August und November stattfanden. Im Mond, der archetypisch das urweiblichste Prinzip verkörpert, wurde von jeher die Göttin verehrt – sie lehrt uns, dass sich alles wandelt. Unsere Vorfahren orientierten sich am Stand der Sonne, dem Lauf des Mondes und der Gestirne, die die natürlichen Zyklen auf der Erde bestimmen. Tief verbunden mit der Natur erlebten sie bewusst den Wechsel der Jahreszeiten in acht Phasen der Wandlung. So ergeben sich acht Punkte im Jahreskreis, die in den unterschiedlichsten Kulturen als Jahreskreisfeste verankert sind.

Diesen Festen liegen uralte Mythen weiser und mächtiger Göttinnen zugrunde, die zur jeweiligen Zeitqualität und in einem bestimmten Lebensabschnitt spürbar sein können. Natürlich können die Göttinnen hier nur beispielhaft sein und ihre Beschreibung relativ kurz, denn sie haben unendlich viele Gesichter und Namen. Wenn Dein Interesse geweckt ist, begib Dich auf die Reise in Märchen und Mythen, recherchiere die Sagen Deiner Umgebung, der Berge, Seen und Flüsse und lass Dich inspirieren. Bade zu Frühlingsbeginn in einer Quelle und bitte die Göttin, Dir Gesundheit zu schenken. Räuchere für sie in den Raunächten, spring über ein Sonnwendfeuer und mach Dich mit den Bräuchen Deiner Region vertraut.

All das mag vielleicht zuerst etwas fremd anmuten, haben wir doch in unserer heutigen europäischen Kultur seit Jahrhunderten einzig die jungfräuliche Maria Muttergottes als Frauenbild. Die überlieferten Geschichten der großen Göttinnen zeigen allerdings ein schillerndes Spektrum an lebendigem Frausein, mit allen Emotionen von Liebe und Sinnlichkeit bis Wut und Zerstörungskraft. Ich lade Dich ein, die Göttinnenenergien schöpferisch zu nutzen und kreativ auch den Blick auf die gegenüberliegende Qualität im Jahreskreis zu richten, wo z. B. Mädchen und Mutter

gegenüberstehen, Liebende und Weise sich ergänzen.
Wie kannst Du den „vielen Seelen in Deiner Brust“ gerecht werden und ihnen Gestalt geben? Nicht theoretisch, sondern als lebendiges Schauspiel auf der Bühne Deines eigenen Lebens? Eingewoben in den rhythmischen Wandel der Natur und des Jahres kannst Du ihre Energie in Meditationen, Ritualen und Übungen erfahren und durch Selbstreflexion in Dir neu beleben.
Ich möchte Dir ans Herz legen, Dir Zeit zu nehmen, einen ruhigen Ort aufzusuchen, Dich über Deinen Atem zu zentrieren und mit Achtsamkeit die Übungen zu machen. Vielleicht magst Du Dir zu Hause einen besonderen Platz schaffen, den Du liebevoll gestaltest, um Dich wohlig geborgen zu fühlen. Wenn Du mit einer Göttin Kontakt aufnehmen willst, mach es wie die alten Griechen – bitte sie zu erscheinen, imaginiere sie und ruf sie an, indem Du ihren Namen sagst oder singst und Deine Bitte an sie formulierst.
Führ Deine Rituale bewusst und präsent aus, damit sie kraftvoll sind und versuch dabei, so oft wie möglich in die Natur zu gehen. Sie ist unser wichtigster Kraftort, an dem Heilung und Zwiesprache mit der Göttin geschehen kann. Such einen Platz aus, den Du immer wieder aufsuchen kannst, der Dir im Rhythmus der Jahreszeiten Geborgenheit schenkt für Deine Erfahrungen. Ein alter Baum, ein Teich, eine Bank am Waldesrand, die Kapelle am Hügel? Vertrau Deiner Intuition und finde die Orte der Göttin in Deiner Nähe. Dort erlebst Du hautnah das Erwachen im Frühling mit den ersten Knospen und der Energie des Neubeginns. Erlebe dort das Erblühen im Sommer, den Duft von warmem Heu, den glitzernden See und pure Lebenslust. Im Herbst macht Dir der erdige Geruch und das flammende Blätterkleid der Bäume unsere Vergänglichkeit bewusst. Im Winter ruht Mutter Erde unter einer weißen Schneedecke, um Kräfte zu sammeln und animiert Dich zu Rückzug und Einkehr.
Wenn es Dir nicht möglich ist hinauszugehen, kannst Du Dir Abhilfe schaffen: Richte Dir einen besonders stimmigen Rückzugsort zu Hause ein, an dem Du ungestört meditieren kannst. Hör Dir Aufnahmen von Naturgeräuschen an und umgib Dich mit schönen Naturfotos. Pflück im Sommer Blüten und Wildkräuter, sammle Rinden von Bäumen und gieß Dir eine Tasse Tee auf, um die heilenden Kräfte der Natur in Dir aufzunehmen. An Deinem Arbeitsplatz kannst Du mit ätherischen Ölen die Atmosphäre komplett verändern, zu Hause mit selbstgesammeltem Räucherwerk für Wohlfühlstimmung sorgen. Hochwertige Öle und Räucherwerk tragen die Kraft der Pflanzen in sich und wirken heilsam auf unser Körper-Geist-Seele-System.
Dieses Buch möge Dich auf dem Weg zur Ganzheit begleiten und Dich ermutigen, in Verbindung zu treten mit der uralten Weisheit, die in jeder Frau darauf wartet, entdeckt zu werden und sich zu entfalten. Ich wünsche Dir wundervolle Begegnungen mit den verschiedenen Göttinnen, tiefe Erkenntnisse und heilsame Erfahrungen mit ihren Energien in Verbundenheit mit der Natur durch den Jahreskreis.
Mögest Du, im Vertrauen auf Deine innere Stimme, viele Aspekte der großen Göttinnen in Dir wiederfinden, sie würdigen und in Dein Leben integrieren. Mögest Du das Wunder Deiner einzigartigen Weiblichkeit erkennen!

Herz zu Herz
von Göttin zu Göttin

MITTWINTER

DAS LICHT ENTDECKEN

Im Grunde des Herzens
eines jeden Winters
liegt ein Frühlingsahnen,
und hinter dem Schleier jeder Nacht
verbirgt sich ein lächelnder Morgen.

KHALIL GIBRAN

Mariä Lichtmess – Imbolc am 2. Februar

In der Natur ist deutlich zu spüren, dass sich ein Zyklus vollendet, es ist die Übergangszeit vom Winter zum Frühling. Der Winter ist längst nicht vorbei, es ist die Zeit, in der wir beim Eislaufen oder Skifahren noch eisige Kälte und glitzernden Schnee erleben können. Und doch erwacht Anfang Februar in unseren Herzen die Hoffnung, dass der Frühling nicht mehr allzu weit ist.

Es ist eine Zeit des Übergangs, als ob wir langsam aus dem Schlaf erwachen und uns noch in einer Zwischenwelt befinden würden. Ab und zu legt sich eine weiße Schneedecke über das Land, dennoch nimmt nun der Sonnenbogen rasch zu und gewinnt an Kraft, sodass die Säfte in den Bäumen und Sträuchern wieder zu steigen beginnen. Ähnlich sieht es unter der gefrorenen Erde aus – in ihrem Inneren sammeln sich die Lebenskräfte, die Schöpfung drängt erwartungsvoll einem Erwachen entgegen, damit die ersten Frühlingsboten alsbald die noch harte Erde durchbrechen können. Die Tage werden nun merklich länger, die Luft ist glasklar und das Licht hat eine einzigartige, strahlende Qualität, wie sie nur der Februar zaubern kann. An milden Tagen hört man manch mutigen Vogel schon sein fröhliches Lied trällern. Die Sonnenaufgänge zeigen sich jetzt in ganz besonderer Schönheit und lassen uns deutlich spüren, dass die Schwere und das Dunkle der letzten Wochen vorbei sind. Eine Dynamik ist spürbar, die nach Aufbruch drängt und Zuversicht schenkt, die Vorfreude auf den Frühling lässt uns innerlich erblühen. Die auf Rückzug gepolten Kräfte der Natur drehen sich nun um, was den Neuanfang verheißt. Dieser Neubeginn wird schon vorbereitet, unter der Erde und am Himmel, bald ist es so weit, sich mit freudiger Erwartung dem Neuen zu stellen und den beginnenden Sieg des Lichts in der Frühlings-Tagundnachtgleiche zu feiern.

Nun geht es endlich wieder los! „Februar" stammt vom lateinischen Wort „februare", was so viel wie „reinigen" bedeutet. Der Februar ist der kürzeste Monat und hat im Volksmund viele Namen von „Narren-" und „Liebesmonat" über „Schmelzmonat" bis „Hornung". Ursprünglich war er der „Weibermonat" – bis heute finden wir an 16 Tagen weibliche Vornamen im Kalender, so viele wie in keinem anderen Monat. Frische Energie zieht nun ein und vertreibt das Alte, Schwere, Verkrustete. In dieser Zeit steht Reinigung im Mittelpunkt. Verschiedene Reinigungsrituale wie Frühjahrsputz und tiefgehende Räucherungen können dabei helfen, auf allen Ebenen Ballast abzuwerfen und die „Wintergeister" endgültig zu vertreiben. Die Energie des Erwachens und des Wandels kann man ganz einfach in sein Zuhause bringen, indem man bewusst 28 Dinge verändert und so eine neue Atmosphäre schafft – z. B. Fotos in Rahmen austauscht, Winterdekoration ersetzt oder dunkle Zierpolster neu und in frischen Farben überzieht.

Die Zeit Anfang Februar wird archetypisch der Erwachenden, der jungen Mädchengöttin zugeordnet, die die Energie der Erneuerung bringt, und der jugendlichen, unabhängigen Göttin, die mutig für ihre Ideale eintritt. Beide bringen uns die frische, unbändige Lebenskraft nach der Winterstarre – ihre Geschenke sind pure Lebensfreude und Aufbruchstimmung.

BEGEGNE DEINEM INNEREN KIND

Unsere Kindheit – sie scheint so weit weg und berührt uns doch, in unserer Erinnerung, tief im Herzen. Denken wir an sie zurück, tauchen Bilder der Vergangenheit auf, manche schemenhaft, einige ganz klar: die bunten Kerzen auf der Schokotorte, der erste Schultag, Kuscheln am Sonntagmorgen, der Streit mit dem großen Bruder. Wie sieht das Kind aus, das vor unserem inneren Auge auftaucht? Welche Erinnerungen kommen hoch und welche Gefühle? Wie viel von diesem fernen „Ich" gehört überhaupt noch zu uns?

Viel mehr, als wir denken, denn das quicklebendige „Innere Kind" ist eine starke Kraft, die Einfluss darauf hat, wie wir als Erwachsene fühlen und wahrnehmen, wie wir denken und handeln. In unserem Unterbewusstsein sind alle wichtigen Erfahrungen abgespeichert und wirken dort fort. So können positive Erfahrungen aus der Kindheit unseren Rücken stärken und uns Selbstvertrauen schenken, negative wirken ebenso nach und können uns Probleme bereiten. In jedem von uns ist ein kleines, verletztes Kind, das unsere Aufmerksamkeit sucht. Seine Ängste, seine Sehnsüchte, seine Hilferufe wirken in unserem Unterbewussten und kommen immer wieder an die Oberfläche.

Immer dann, wenn wir uns klein und hilflos fühlen, wenn wir vor Scham erstarren, wenn wir nicht ehrlich sein können, nicht zu uns stehen, wenn wir plötzlich unbändige Sehnsucht nach Geborgenheit haben, ist unser Inneres Kind im Spiel. Es versucht mit allen Mitteln, Kränkungen und Verletzungen, die ihm zugefügt worden sind, nicht noch einmal erleben zu müssen. Ein falsches Wort, eine Geste, ein schiefer Blick und wir sind beleidigt, brechen einen Streit vom Zaun, um die kindliche Erfahrung des Schmerzes abzuwehren. All diese unbewussten Muster und Glaubenssätze sind ein Schutzmechanismus, der ganz automatisch abläuft. Wird uns bewusst, dass wir das verwundete Kind in uns vergessen haben, können wir beginnen, ihm behutsam und mit Mitgefühl zu begegnen. Achtsamkeit ist die Salbe, die unser Schattenkind heilen wird, denn wenn wir achtsam sind, werden wir seine Hilferufe hören können.

Jeder Mensch ist einzigartig. Wenn wir uns erlauben, diese Einzigartigkeit zu leben, unser eigenes Licht leuchten und uns nicht von den inneren Kritikern einengen zu lassen, dann stärken wir das fröhliche, zauberhafte Sonnenkind in uns. Dann sind wir eins mit der Natur und dem großen Ganzen, dann fühlen wir uns verbunden mit allen Lebewesen, lebenslustig und frei von Zwängen. Jeder Mensch hat diesen Anteil in sich, er ist unterschiedlich ausgeprägt, je nach Erziehung und Sozialisation und kann bewusst gestärkt und gefördert werden.

Astrid Lindgren hat dem Sonnenmädchen einen Namen gegeben: Pippi Langstrumpf, ein wildes, abenteuerlustiges, magisches Mädchen mit bunter Kleidung und roten Zöpfen, das sich die Welt macht, wie es ihm gefällt.

Wenn Du nun weißt, wie Du mit Deinem inneren Kind in Kontakt kommst, kannst Du es behutsam in Dein Leben integrieren und jeden Tag ein paar Minuten mit ihm sprechen, ihm zuhören, es teilhaben lassen an Deinem Leben. Wenn Du an den See fährst, lad es ein, mitzukommen; isst Du ein gutes Eis, lad es ein, mit Dir zu genießen. Wenn es weint, kannst Du mit ihm weinen, wenn es um Deine Aufmerksamkeit bittet, nimm es zärtlich in den Arm. Schenk ihm Deine Liebe, Dein Verständnis, Deine Wärme. Sing Kinderlieder, schau Comics an, es gibt kein Richtig oder Falsch! Falls es Dir noch schwerfällt, mit dem Mädchen in Dir zu kommunizieren, dann bitte die Göttin **Artemis** oder **Brigid**, Dir zu hel-

STÄRKE DAS SONNENMÄDCHEN IN DIR

Wie Du das Sonnenmädchen in Dir erweckst, kannst Du selbst ausprobieren. Du kannst eine Puppe, einen Teddy in den Arm nehmen und mit ihm als Stellvertreter sprechen, oder Du rufst Dir eine schöne Erinnerung aus Deiner Kindheit ins Gedächtnis, eine glückliche Kindheitserinnerung, die Dir ganz spontan in den Sinn kommt. Das kann ein Erlebnis mit einem Tier sein, mit einem anderen Kind, ein besonderes Geschenk. Was hat Dir als Kind besonders viel Spaß gemacht? Vielleicht kannst Du noch Dein Lachen hören?

- Schreib Deine Sonnenmädchen-Erinnerungen auf oder mach eine Zeichnung dazu und dann such Dir eine Erinnerung aus, die Du noch tiefer in Dir verankern möchtest. Kennzeichne sie mit einem roten Herzen auf Deiner Liste und bitte nun **Artemis**, die wilde, ungezähmte Mädchengöttin, Dir zur Seite zu stehen. Als Beschützerin des jungen Lebens wird sie Dir eine gute Begleiterin sein, auf Deiner Reise nach innen.

- Und dann: mach es Dir so behaglich wie möglich und lass Deine Augen zugehen. Leg Deine Hände auf Brust und Bauch, atme ruhig ein und aus und mach Dich auf den Weg in Deine innere Bilderwelt. Stell Dir einfach vor, Du bewegst Dich zurück in der Zeit bis hin zu Deiner Kindheit.

- Lass Dein Sonnenmädchen und diese besondere Erinnerung vor Deinem inneren Auge auftauchen und nimm das erste Bild wahr und wichtig. Geh ganz in diese Situation hinein und schenk Dir die Zeit, alles in Ruhe anzuschauen. Was kannst Du sehen, was fühlst Du? Wie sieht Dein Sonnenmädchen aus? Welche Farben tauchen auf, welche Geräusche, Gerüche? Nimm alle Details wahr und spür noch einmal dieses unbeschreibliche Glücksgefühl. Bleib in der Erinnerung, bis Du ganz von ihr erfüllt bist, und feiere Dein Sonnenkind. Sei gewahr, wie wundervoll und einzigartig dieses Mädchen ist!

- Dann nimm einen tiefen Atemzug und beginn die Fingerspitzen beider Hände sanft gegeneinanderzuklopfen. So verankerst Du alles Erlebte noch einmal bewusst in Deinem Energiesystem, dessen Meridiane genau hier beginnen und enden.

- Bevor Deine Augen aufgehen, zieh die Schultern zu den Ohren, roll sie nach hinten und unten und genieß, wie diese kleine Geste Dein Herz ein bisschen mehr öffnet.

fen. Beide Göttinnen sind mutige Beschützerinnen der Kinder und werden Dich dabei unterstützen, das Mädchen, das Du einmal warst, liebevoll in Dein heutiges Leben mitzunehmen. Du kannst ganz direkt mit ihm sprechen: „Mein Liebes, ich bin für Dich da. Ich werde mich gut um Dich kümmern. Es tut mir leid, dass ich Dich vernachlässigt habe, doch nun habe ich einen Weg gefunden, zu Dir zurückzukehren!"

Heilung bedeutet, sich die eigene innere Welt wieder zurückzuerobern, nach innen zu horchen und achtsam wahrzunehmen, ohne gezielt nach etwas zu suchen. Dabei geht es nicht darum, alte Erinnerungen wachzurufen und uns in die Kindheit zurückzuversetzen, sondern wieder all unsere Sinne zu öffnen, die sich damals verschlossen haben und die uns mit dem Leben verbinden. Horchen, schauen, spüren, schmecken, riechen, fühlen, denken bringen uns in Verbindung mit unserem Anfängergeist und allen Wundern dieser Welt. In einen Flow-Zustand, in dem die pure kindliche Freude und Neugier wieder zum Vorschein kommt. Wir werden uns wieder klar darüber, was wir wie empfinden. Die zunehmende Sensibilität unserer Sinne lässt uns spüren, wer wir *jetzt* sind, was wir wirklich *wirklich* brauchen und was uns nährt.

Um unsere Einzigartigkeit annehmen zu können, bedarf es, einschränkende Regeln und Prägungen zu lösen, damit die inneren Kritiker uns nicht länger verbieten können, den Schatz unseres Sonnenkindes zu genießen. Folgende Fragen können diesen Prozess unterstützen:

- Was würde ich ändern, könnte ich das Rad der Zeit zurückdrehen?
- Bin ich mir immer der Konsequenz meiner Versprechen bewusst?
- Wo in meinem Leben neige ich dazu, ein schlechtes Gewissen zu haben?
- Lasse ich mich von Werten anderer gängeln?
- Habe ich das Gefühl, selbst zu wissen, was mir guttut, oder bin ich auf die Meinungen anderer angewiesen?
- Was brauche ich, damit ich mich seelisch und emotional wohl fühle, geborgen und akzeptiert?
- Welche emotionalen Bedürfnisse sollten mehr Platz in meinem Leben bekommen und was braucht es, damit dies möglich ist?
- Was hat mir als Kind besonders viel Spaß gemacht?
- Bei welchen Aktivitäten empfinde ich kindliche Leichtigkeit und Lebensfreude?
- Was könnte ich wieder mehr in meinen Alltag integrieren, um meine Sonnenkind -Energie zu stärken? Z. B.: reiten, eislaufen, tanzen, singen, malen?

Es geht nicht darum, alle Fragen auf einmal zu beantworten, sondern vielmehr darum, die eine oder andere zu vertiefen. Nimm Dir genügend Zeit dafür, zieh Dich an einen ruhigen, stimmigen Ort zurück und lass die Fragen nach und nach in Dein Herz sinken. Warte dann, bis ein Bild, eine Antwort von dort kommt, sprich sie laut aus und mach Dir Notizen.

Nicht alle erlittenen Verletzungen lassen sich mit guten Gründen erklären, denn wir leben in einer Welt der Polarität, in der auch Grausames geschieht. Das Innere Kind kann das gut akzeptieren, wenn es einen inneren, verlässlichen, liebevollen Erwachsenen gefunden hat.

DIE ERWACHENDE UND DIE WILDE GÖTTIN

Dem unberührten Mädchen, dessen Sexualität noch nicht erwacht ist, bzw. der Tochter, entspricht in der griechischen Mythologie **Persephone** als duale Göttin. Sie ist sowohl **Kore**, das „namenlose Mädchen", das noch nicht weiß, wer

es ist, als auch die Königin der Unterwelt, der wir im Herbst begegnen werden. Wir kennen diesen Archetypus, er erinnert uns an unser Inneres Kind. Ihm sind seine Stärken noch nicht bewusst, es fühlt sich nichts und niemandem verpflichtet und kann sich schwer entscheiden, was es möchte. Zu seinen wundervollsten Eigenschaften gehört eine grenzenlose Vorstellungskraft, die Fähigkeit zu staunen und das absolute Verschmelzen mit dem Augenblick – das Sein im Jetzt. Der Archetyp des „ewigen Mädchens" ist uns vertraut aus einer Zeit, als attraktiv und charmant, angepasst, verspielt und formbar als weibliche Eigenschaften geschätzt waren. Kore schenkt uns die Morgendämmerung, das erste fahle Licht nach der Dunkelheit und die Lebenskraft nach einem langen Winter. Sie weckt die Saat und die ersten kleinen Frühlingsboten, die in der Erde schlafen, und verspricht uns, dass der Frühling kommen wird.

In der nordischen Mythologie ist **Idun** die Göttin der Jugend und Unsterblichkeit. Ihr Name bedeutet „die Erneuernde, Verjüngende". Diese Kraft ermächtigt sie, den Winter zu vertreiben und den Frühling anzukündigen. Als Quell der Poesie, der schöpferischen Kreativität und Inspiration ermuntert sie uns, Bilder zu malen, Gedichte zu schreiben oder Lieder zu singen.

Bei den Griechen repräsentiert die Göttin **Artemis** den Archetypus der freien, unabhängigen jungen Frau, der „Sperr-mich-nicht-ein-Tochter". Als Tochter von Zeus und Leto und Zwillingsschwester von Apollon, dem Gott des Lichts und der Künste, ist sie selbstbewusst, „eins mit sich selbst" und zielorientiert. Wie **Diana** bei den Römern ist sie die jungfräulich wilde Göttin der Jagd und als Lichtträgerin Göttin des zunehmenden Mondes. Diese ungezähmte junge Frau streift mit ihrem Gefolge durch die Wildnis, zielgerichtet kennt sie ihren Weg und verirrt sich nicht. Sie ist eins mit der Natur, denn die Wildnis ist ihre Heimat. Bewaffnet mit Pfeilen und einem silbernen Bogen besitzt sie die Anmut und Stärke der wilden Tiere, deren Herrin sie ist und die sie begleiten. Die Bärin steht symbolisch für ihre Eigenschaft als Beschützerin der Kinder und Gebärenden. Artemis lehrt uns, dass Mädchen und Frauen nicht gefallen, nicht angepasst leben müssen, sondern frei ihr ureigenes Selbst entfalten dürfen.

BIRKE – REINIGUNG UND NEUBEGINN

Die Birke mit ihrer zarten weißen Rinde, den hellgrünen herzförmigen Blättern und ihrer Beweglichkeit und Leichtigkeit gilt als Symbol des Frühlings und des jungen Mädchens. Bei den Kelten war der Baum der jugendlichen Göttin **Brigid** geweiht, die als Große Göttin und Hüterin der dreifachen Flamme verehrt wurde. In alten Zeiten versorgte die Birke die Menschen mit allem, was sie brauchten. Aus ihrer Rinde wurden

KRAFTVOLLES RITUAL ZUM MITTWINTER

Noch ist Winter, selbst wenn in den Bäumen schon die Säfte steigen und wir zaghaft innerlich erblühen. Wie von selbst taucht das Verlangen nach Reinigung in uns auf, sowohl im Innen als auch im Außen, und Lust auf verschiedene Rituale für einen guten Neubeginn. Dieses Ritual lässt sich am besten im Freien feiern, im Garten, auf der Terrasse oder an einem gewohnten Kraftplatz in der Natur.

- Idealerweise hältst Du schon Tage vorher bei einem Spaziergang Ausschau nach Birken, es können auch Baumstümpfe sein oder bereits geschlagenes Holz. Hier kannst Du ganz leicht die hauchdünne Birkenrinde abziehen; sie ist wie Papier. Wenn Du sie von einem lebenden Baum abziehst, sei vorsichtig und nimm nur so viel, dass Du ihn nicht verletzt. Streif dann ein paar Birkenknospen von den Zweigen und verwahre sie gut. Du kannst auch Dein Ohr an den Stamm legen und horchen, vielleicht hörst Du ja das feine Rauschen seines neuen, aufsteigenden Lebenssaftes?
- Nimm das „Birkenpapier" mit nach Hause und bereite am Tag des Rituals alles vor.
- Richte eine große weiße Kerze mit drei Dochten oder drei einzelne weiße Kerzen für die Lichtbringerin **Brigid** her.
- Du brauchst Zündhölzer, eine weite Räucherschale mit Sand, Räucherkohle, Kräuter, die reinigend wirken wie z. B. Salbei, Wacholder, Beifuß oder Thymian und etwas Waldweihrauch.
- Pack die Birkenrinde, die Knospen und einen dünnen Stift in Deine Tasche, zieh Dich warm an und such Deinen Ritualplatz auf.
- Zünd zuerst die Kerzen an (je nach Wetter eventuell in einer Laterne) und bitte die Göttin Brigid um Inspiration, Verwandlung und Heilung.
- Dann entzünd die Räucherkohle in der Schale, leg etwas von dem Harz auf die Glut und eine Prise der reinigenden Kräuter.
- Fächle den aufsteigenden Rauch in Dein Energiefeld und lass dabei Gedanken auftauchen, was Du hinter Dir lassen möchtest, was endlich bereinigt werden sollte, wo Veränderung ansteht und frischer Wind nötig ist.

- Schreib zu jedem Impuls Stichworte auf ein Stück Birkenrinde. Nimm Dir genügend Zeit, es kommen bestimmt einige unerwartete Gedanken. (Ein Rindenstück sollte für später übrig bleiben!)
- Dazwischen kannst Du immer wieder neues Räucherwerk auflegen, in die Flamme der Kerze schauen und reflektieren.
- Wenn Du das Gefühl hast, dass es genügt, nimm ein Rindenstück nach dem anderen und lies das Wort darauf laut vor. Dann übergib es dem reinigenden Feuer.
- Bitte Brigida als Verwandlerin, alles, was Dich hindert und dir nicht mehr dient, zu transformieren. Spür dabei bewusst hin zu dem befreienden Gefühl, Altes, Verbrauchtes rituell zu verabschieden und im Feuer symbolisch loszuwerden.
- Atme ein paarmal tief durch und spür bewusst den Befreiungsprozess, der Dich zu Deiner Essenz bringt.
- Entferne dann das übrige Räucherwerk von der Kohle und vertreib den restlichen Rauch in alle Winde.
- Wenn Du bereit bist, komm wieder ganz zu Dir, werde ruhig, schließ Deine Augen und verbind Dich mit Deiner inneren Stimme, Deiner Intuition, Deinen Spirits.
- Bitte Brigida noch einmal um ihre Hilfe. Wo brauchst Du einen richtigen Neuanfang, mutig und mit ganzem Herzen? Was in Deinem Leben braucht Raum zum Keimen und Wachsen?
- Wähle den wichtigsten positiven Aspekt, öffne die Augen und schreib das Wort auf das letzte Stück Birkenrinde. Präg Dir dieses Ziel tief in Deinem Herzen ein als Symbol für Deinen kraftvollen Neustart.
- Leg nun das Rindenstück behutsam und feierlich auf die glühende Kohle, streu die Birkenknospen darüber und etwas Weihrauch und schick Deinen Wunsch in Dankbarkeit nach oben, damit er erfüllt werden möge.
- Wenn Du spürst, dass es Zeit ist, zu gehen, danke Brigid und allen anderen unterstützenden Kräften und Naturwesen, lösch die Kerzen als Abschluss Deines Rituals und achte darauf, dass die Kohle zur Gänze verglimmt ist, bevor Du alles verwahrst.

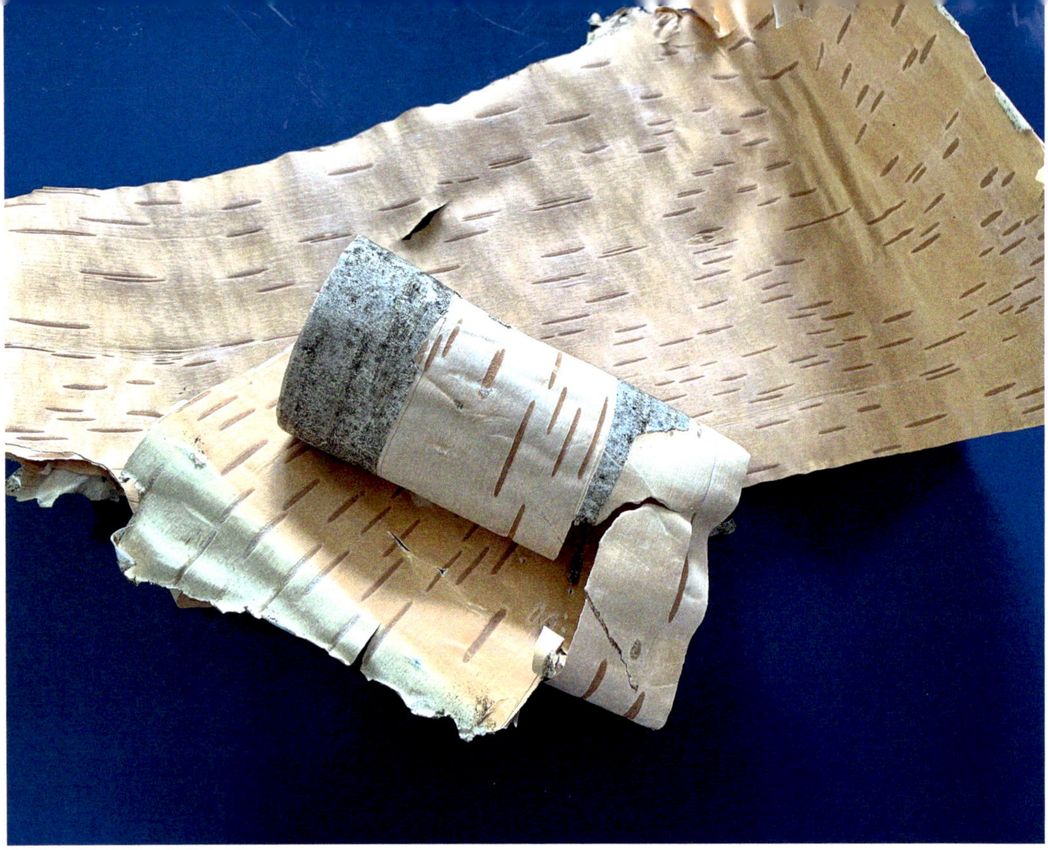

Fackeln gerollt, das erste Papier hergestellt, aber auch Behälter, Schuhe und Kleidungsstücke gefertigt. Aus ihren Zweigen wurden Reisigbesen gebunden, die man für den Frühjahrsputz brauchte, und mit jungen Birkenzweigen berührten die Bauern alles, was im neuen Jahr fruchtbar werden sollte.

Auch heute noch wird in der Naturheilkunde die Vielzahl der heilsamen Wirkstoffe in Rinde, Saft und Blatt der Birke hochgeschätzt, steht sie doch wie kein anderer Baum für Reinigung und Neubeginn. Die äußere Rinde kann gut mit getrockneten Knospen und Wacholder verräuchert werden, um Geist und Seele von der Schwere des Winters zu befreien und den Stoffwechsel zu beleben. Birkenblättertee durchspült ganz sanft Nieren und Blase und wirkt so blutreinigend und harntreibend. Dazu 2–3 Esslöffel junge Birkenblätter mit einem Liter kochendem Wasser übergießen und zehn Minuten lang ziehen lassen. Dann den Tee auf dem Herd zusätzlich kurz aufkochen, den Topf zur Seite stellen und weitere ca. zwei Stunden ziehen lassen und abseihen. Über den Tag verteilt getrunken, ist er ein Booster an Frühlingskraft und auch ein idealer Begleiter beim Fasten.

Die ersten jungen Knospen lassen sich einfach von den Zweigen streifen, denn sie wachsen zu diesem frühen Zeitpunkt wieder nach. Man kann sie übrigens auch auf Brot legen oder in einen grünen Smoothie mixen. Frische, junge Birkenblätter sind köstlich im Frühlingssalat mit Löwenzahn und Brunnenkresse. Sie eignen sich auch zum Trocknen, dazu werden sie auf einem Tuch ausgebreitet und dann in Papiersäckchen oder dunklen Gläsern aufbewahrt.

ERWECKE DIE UNGEZÄHMTE JUGENDLICHE GÖTTIN IN DIR

Skadi ist in der nordischen Mythologie dieses ungezähmte Wesen, das schneebedeckte Wälder und Berge durchstreift. Sie ist ähnlich wie

ERLEBE DIE MORGENDÄMMERUNG

Die Zeitqualität um Mariä Lichtmess schenkt Klarheit und Intuition und einzigartige Sonnenaufgänge, die dazu ermuntern, uns auf Visionssuche zu begeben. Diese kann sich über einen längeren Zeitraum erstrecken und hilfreich bei Veränderungen, wichtigen Entscheidungen oder zur Neuorientierung für das kommende Jahr sein.

- Prüfe die Wetterlage, bevor Du Dich auf den Weg machst. Anfang Februar geht die Sonne gegen 7.15 Uhr auf, Du solltest mindestens 45 Minuten vorher einen schönen Ort erreicht haben. Das kann ein Feld sein, ein Hügel, eine Brücke, auf jeden Fall ein Platz, von dem aus Du gut gen Osten sehen kannst.
- Mach diese Erfahrung zu einem Ritual. Geh allein, damit Du einerseits in Dich hineinspüren, andererseits die Umgebung ungestört wahrnehmen kannst. Zieh Dich warm an und geh ganz bewusst Deinen Weg, atme ruhig und gleichmäßig, nimm die Luft auf Deinem Gesicht wahr, spür die Erde unter Deinen Füßen und werde still. Geh offenen Herzens und nimm mit allen Sinnen wahr, was geschieht.
- Beobachte jeden Augenblick die Stimmung, wie sich die Farben am Himmel verändern, wenn aus Schwarz ein dunkles Blau wird, das sich dann mit zartem Rosa mischt. Wie sich das Licht wandelt, wenn sich das fahle Zwielicht auflöst und plötzlich der neue Tag mit all seiner Schönheit anbricht. Nimm alle Geräusche wahr, die mit der Dämmerung einsetzen, wenn die Natur erwacht. Wenn Du den inneren Impuls spürst, kannst Du nun die Göttin **Brigid** bitten, Dir zu helfen, Deine Vision zu finden. Sei bereit und offen für das, was kommt, und lass Dich von der ruhigen Kraft der aufsteigenden Sonne inspirieren.
- Lass das milde Morgenlicht durch Dein Drittes Auge, dem Punkt zwischen den Augenbrauen, hereinfließen, um Deine Intuition zu beleben. Spür die heilende Energie des Augenblicks und schließ Deine Augen, wenn das Strahlen der Sonne zu stark wird. Horch nach innen zu Deiner Seelenmelodie, geh in Deine innere Bilderwelt und gib Dich hin. Alles ist gut und willkommen, was von selbst geschieht. Vertraue Deiner Intuition und darauf, von Deinen Spirits geführt und beschützt zu sein.

⟶

- Du wirst den richtigen Moment finden, Deine Augen wieder zu öffnen. Sei einfach nur da, ganz bei Dir und spür die Kraft und Wärme der Sonnenstrahlen. Atme ihre Energie noch ein paarmal ganz tief ein, bis in Deinen Solarplexus, öffne Deine Arme dabei und breite Deine Lungenflügel aus. Dann falte Deine Hände vor der Brust, verneige Dich vor dem Himmel, der Erde und der Natur und bedank Dich bei der Göttin und allen spirituellen Kräften, mit denen Du Dich verbunden fühlst, für ihre Unterstützung.
- Achte auf dem Rückweg auf die Zeichen am Wegesrand. Bestimmt findest Du etwas, das mitkommen möchte zur Erinnerung – einen besonderen Stein, eine Feder oder ein Stück Holz. Leg dieses Geschenk zu Hause an einen gut sichtbaren Ort als „Anker" für Deine Vision. Du brauchst Zeit und Stille, um sie in die Realität zu holen, zu handeln und wahr zu machen, was in Dir schlummert.

Artemis jungfräuliche Göttin der Jagd und des Winters, wobei Jungfräulichkeit bedeutet, dass sie auch ohne Mann „ganz" ist – frei, stark und vollkommen. Hermann Hesse beschrieb es als „heiliges Gebot" dem eigenen Sinn zu folgen, das zu tun, was Freude macht und das Herz zum Lachen bringt. Das Märchen vom *„Froschkönig"* entspricht diesem Archetyp. Die Königstochter macht nicht mehr länger angepasst das, was ihr Vater verlangt. Sie nimmt den Frosch nicht, wie befohlen, mit in ihr Bett, sondern schleudert ihn wütend gegen die Wand.

Wann hast Du das letzte Mal herzhaft gelacht, frech und ohne jede Scham? Wann bist Du aus der Reihe getanzt, hast ganz frei mit Deiner Stimme gespielt oder den Spaßvogel in Dir erweckt? Wie könnten die ersten Schritte aussehen, um Dich wieder mit dem unbefangenen Sein des jungen, ungestümen Mädchens in Dir zu verbinden? Dieses Mädchen weiß, wie sich freudige Leichtigkeit anfühlt!

Wie schwer fällt es Dir, den „Schutzmantel der Contenance“ abzuwerfen und die ungezähmte, wilde, junge Göttin in Dir vor den Vorhang zu holen? Mit Artemis oder Skadi an Deiner Seite kannst Du Dich wieder mit Deinen inneren Ressourcen verbinden und mit Courage entdecken, was endlich in Dir leben möchte. Als göttlicher Wildfang ermuntert sie Dich, durch die Wälder zu streifen, neue Wege zu erkunden und die Freiheit und Leichtigkeit des wilden Lebens zu spüren. Es steht Dir gut, etwas spontaner, übermütiger, unangepasster oder sogar ein bisschen ver-rückt zu sein. Fall aus Deiner Rolle, tu einfach, worauf Du gerade jetzt Lust hast. Hör nicht auf Deine vernünftige innere Kritikerin, die Dir sagt, Du seist kindisch und peinlich. Lös Dich gelegentlich aus dem engen Korsett Deines geordneten Lebens mit all den festen Strukturen, Pflichten und Regeln und feiere das Mädchen und die Jugend, die in Dir steckt.

Folgende Fragen können Dir dabei helfen:

- Wie vertraut ist mir diese Göttin? Ist sie gern gesehen in mir oder lehne ich sie ab?
- Welchen Rat könnte mir mein jüngeres Ich geben?
- Lebe ich in manchen Bereichen diesen impulsiven Anteil zu stark aus und werde selbstgerecht und intolerant?
- Bin ich manchmal zu sehr auf meine eigenen Ziele fokussiert und dadurch unnahbar und blind für andere Lebenskonzepte?
- Gibt es in meinem Leben Strukturen, die mir unannehmbar erscheinen, denen ich mich aber dennoch gefügt habe? Welchen Dienst kann mir Artemis bei der Befreiung leisten?
- Fällt es mir leicht, Verpflichtungen einzugehen und sie auch zu erfüllen?
- Wo sollte ich mir meiner Verletzlichkeit bewusster werden?
- Wo sollte ich mich zuerst „erschöpfen“, um weicher zu werden?
- Wie kann ich die Fähigkeit zu Empathie und Mitgefühl stärken, damit ich anderen und mir selbst Fehler verzeihen kann?

DAS LICHTFEST DER KELTISCHEN HIMMELSKÖNIGIN BRIGID

Brigid, die große Göttin der Kelten, wird dem Mythos nach als Göttin des himmlischen Feuers mit einer Flamme auf dem Haupt jeden Morgen neu

MANDAELOS (VEGAN)

Zutaten für ca. 20 Stück:

- 50 g geschälte, gehackte Mandeln
- 150 g weiße Reisschokolade
- 25 g Mandelmus aus dem Glas
- 30 ml Kokosmilch
- 20 g Kokosraspeln

Zubereitung:

- In einem Topf etwas Wasser zum Kochen bringen.
- Die Schokolade klein hacken und in einer Metallschüssel über dem Wasserbad unter Rühren schmelzen lassen.
- Gehackte Mandeln, Mandelmus und Kokosmilch in einem Mixer gut verrühren und unter die geschmolzene Schokolade rühren.
- Für mindestens 30 Minuten kalt stellen.
- Dann mit einem Teelöffel kleine Mengen der Masse abstechen und mit den Fingern zu kleinen Kugeln formen.
- In Kokosraspeln wälzen und wieder kühl stellen.

Mein Tipp: Man kann die Kugeln auch in geriebenen Mandeln wälzen, dann herrscht das Mandelaroma vor.

geboren. Sie hat viele Namen, in denen das Licht und das Helle mitschwingt – so wie in ihrem Namen das englische „bright“ steckt, was ebenfalls „hell“ und „strahlend“ bedeutet. „Brighid“, „Brighet“, „Birgid“ oder „Bride“, wie sie in Schottland genannt wird, ist die beherzte, fröhliche Feuergöttin, die sich nicht einschränken lässt und uns die frische Frühlingskraft des Neuanfangs schenkt. Sie war die beliebteste Göttin der Kelten und wurde im Christentum als Heilige Brigitte zur Schutzpatronin Irlands. Kinder und vor allem Neugeborene stehen unter Brigidas Schutz, so kann sie uns helfen, gut für unser inneres Mädchen zu sorgen.

Als Hüterin der dreifachen Flamme ist sie Göttin der Dichtkunst, der Heilung und der Schmiede-

kunst. Sie heilt durch Gesang und Poesie und entfacht das Feuer der Inspiration und der Begeisterung in uns. Ihre Feuerkraft lässt das Eis schmelzen und das Wasser wieder fließen; Feuer und Wasser erschaffen mit ihrer stark reinigenden Energie Raum für Neues. Viele heilkräftige Quellen und Gesundbrunnen sind Brigida geweiht. Als Göttin des Lichts und der Schmiedekunst wurde sie „Feuriger Pfeil" genannt, was sie mit Artemis und Skadi verbindet. Im übertragenen Sinn geht es darum, Pläne zu schmieden, neue Perspektiven und Visionen zu finden, damit es im Herbst reiche Ernte geben kann.

Bei den Kelten begannen Feste immer zum Sonnenuntergang des Vorabends und endeten am Abend des nächsten Tages. Der Name **Imbolc** kommt aus dem Altirischen, bedeutet „Rundum-Waschung" und war ein rituelles Reinigungsfest am Übergang vom eiskalten Winter zu den ersten zarten Ahnungen des Frühlings. Für die Kelten war es das erste Fest im Jahreskreis nach der Wintersonnenwende, das Fest der jungen Mondsichel, und wurde vom 1. auf den 2. Februar gefeiert.

In der katholischen Kirche wird 40 Tage nach Christi Geburt am 2. Februar das letzte Fest der Weihnachtszeit gefeiert: **Mariä Lichtmess.** An diesem Tag wird die rituelle Reinigung Marias im Tempel gefeiert, wie es in biblischen Zeiten üblich war. Es ging bei diesem Fest primär um Reinigung, was mit der weiblichen „Unreinheit" nach der Geburt in Zusammenhang gebracht wurde. Die jungfräuliche **Maria**, Mutter Gottes mit ihrem Sternenkranz und der Mondsichel zu ihren Füßen, nahm nun den Platz der heidnischen Lichtgöttin ein. Traditionell werden an Lichtmess beim Gottesdienst die Kerzen für das ganze Jahr geweiht, als Symbol für das Licht, das Marias Sohn Jesus in die Welt gebracht hat. Sie sollen in dunklen Stunden Licht bringen und bei Gewitter beschützen. In Kirchen und vielen Haushalten werden erst an diesem Tag Krippen und Weihnachtsschmuck wieder sorgfältig fürs nächste Fest verpackt und die letzten Christbäume entsorgt.

Lichtmess ist das Fest zwischen Wintersonnenwende und Frühlingsäquinoktium und beendet die „Stille Zeit", die uns nach innen geführt hat, nach Hause in unser Innerstes, um Kraft zu schöpfen für einen mutigen Neubeginn. Es gibt unendlich viele Rituale zu allen Jahreskreisfesten, doch im Prinzip können wir unser individuelles Ritual zelebrieren. Es kann ganz einfach sein, wichtig ist dabei nur die Intention. Gleichgültig, ob wir räuchern, weiße Kerzen anzünden oder Frühjahrsputz machen, das Lichtmessritual schenkt neue, heilende Energien, die Kraft der Hoffnung und frische Aufbruchsstimmung.

Fragen zur Selbstreflexion können sein:

- Was muss nun endgültig bereinigt werden, um dem Neuen Platz zu machen?
- Welche lang gehegten Träume und Wünsche möchten endlich sprießen?
- Wo braucht mein Leben frischen Wind? Was in mir ruft nach Erneuerung?
- Womit kann ich das Feuer der Begeisterung in mir entfachen, um mich von den trägen Energien der dunklen Zeit zu befreien?

Schließ nun Deine Augen und atme tief ein und langsam wieder aus. Richte Deine Aufmerksamkeit auf alle Gedankenund Gefühle, die jetzt auftauchen und nimm achtsam alles in Kopf und Körper wahr, ohne eszu bewerten. Konzentrier Dich dabei auf Deinen ruhigen, regelmäßigen Atem und bleib für ein paar Augenblicke still bei Dir. Mit dieser inneren Haltung stärkst Du Deine Selbstliebe und -akzeptanz.

Du kannst diese Übung immer und überall durchführen, um Stress abzubauen.

HEILSTEINE FÜR DIE ERWACHENDE GÖTTIN

Der **Aquamarin,** dessen Name sich aus dem lateinischen „aqua“ und „mare“ zusammensetzt, was Meerwasser bedeutet, gilt von alters her als Heilstein. Die Griechen bezeichneten den klaren, hellblauen bis meergrünen Stein als Schatzstein der Meerjungfrauen. Durch Eisen erhält er seine hellblaue Färbung. Eisen ist auch ein lebenswichtiger Bestandteil in unserem Blut, man bezeichnet es als Träger der Ich-Kraft des Menschen.

Somit stärkt der Aquamarin unser Selbstbewusstsein, mindert mangelndes Selbstvertrauen und lässt uns zu unserer Bestimmung und Individualität stehen. Dem Archetypus Uranus zugeordnet, fördert er unser geistiges Wachstum und verhilft zu klaren Visionen. Als Stein der Klarheit ist er auch ein liebevoller Begleiter in der Meditation, seine Schwingung wirkt regenerierend und verjüngend.

Dieser Edelstein wird der Jungfraugöttin bzw. wilden Amazonengöttin zugeordnet. Als klassisches Beispiel einer Amazonenkriegerin gilt Jeanne d'Arc, die Jungfrau von Orleans, die die Kräfte des Aquamarins in sich trug. Sie sagte, ihre Mission habe sich in einer Vision gezeigt und zog im Auftrag des Erzengels Michael in Männerkleidern in den Krieg, um ihr Land zu verteidigen.

Der hellblaue bis türkisgrüne **Amazonit** gehört zu den heiligen Steinen der Indianer und wird heute noch als Amazonenstein verehrt. Auf der Körperebene wirkt der starke Heilstein ausgleichend und beruhigend, lindert Schmerzen im Solarplexus und beschützt das Herz. Darüber hinaus soll er den Stoffwechsel anregen und Menstruationsbeschwerden lindern. Auf der Seelenebene schwingt er über das Hals- und Herzchakra und schenkt so neue Lebenskraft und Kreativität.

FRÜHLINGSBEGINN

AUFERSTEHUNG FEIERN

Herz, mein Herz, sei nicht beklommen
und ertrage Dein Geschick.
Neuer Frühling gibt zurück,
was der Winter Dir genommen.

Und wieviel ist Dir gebleiben!
Und wie schön ist noch die Welt!
Und, mein Herz, was Dir gefällt,
alles, alles darfst Du lieben!

HEINRICH HEINE

Frühlingsäquinoktium am 21. März

Im Gleichgewichtspunkt der Frühlings-Tagundnachtgleiche beginnt der Siegeszug der lebensweckenden Sonnenkräfte über das Dunkel. Die Tage werden länger als die Nächte, der Winter ist nun endgültig besiegt. Zweimal im Jahreslauf halten sich Tag und Nacht, Hell und Dunkel, die Waage – um den 21. März und um den 21. September zu Herbstbeginn – und zwar überall auf der Welt.

Allerdings währt diese Balance nur für einen kurzen Augenblick, denn die Sonne nimmt unaufhaltsam an Kraft und Wärme zu, ihr Bogen steigt immer höher am Firmament. Eine Stimmung von Wachsen und Lebendigwerden breitet sich aus, es herrscht Auferstehung auf allen Ebenen, das neue Leben setzt sich endgültig durch. Die langen unsichtbaren Vorbereitungen unter der Erde entfalten nun eine ungeheure Kraft, mit der die zarten Triebe die gefrorene Erde durchbohren und Schneereste durchbrechen, die ihrem Drang nach Licht und Wärme im Wege stehen. Es gleicht einem Wunder, dass dieser Durchbruch so plötzlich, manchmal über Nacht, geschieht. Die Urkraft des Lebens lässt die Schönheit der Natur nach langem Verzicht wieder sichtbar werden, mit zartem Grün und kräftigem Gelb. Die mutigen Frühblüher strecken jetzt ihre Köpfchen dem sanften Sonnenlicht entgegen, dem Huflattich folgen Buschwindröschen, Blaustern, Veilchen und Schlüsselblumen. Allmählich beginnen die ersten Knospen an Sträuchern und Bäumen aufzubrechen und zarte weiße und rosa Blüten zu zeigen. Welch Augenweide nach dem eintönigen Winter – der Lenz ist da!

Diese starke, neue Kraft berührt auch uns Menschen, gute Laune und Frühlingsgefühle breiten sich aus und frische Lebensfreude. Unsere Hoffnung zu Imbolc wird nun Wirklichkeit, es herrscht die Energie, die unseren Visionen Nahrung gibt. Wir sind eingeladen, es wieder neu mit dem Leben aufzunehmen, mutig dem Jahreskreislauf zu folgen und das Vergangene endgültig zurückzulassen. Es geht weiter, es gibt einen Neubeginn und eine Zukunft, der Weg ist frei für eine neue Jahresreise!

April lässt sich auf das lateinische Wort „aperire“ zurückführen, das „öffnen“ bedeutet. Die Zeit der Innenschau und des Rückzugs geht nun zu Ende. Die Natur entfaltet ihr prachtvolles Farbenkleid, die Vögel trällern ihre Melodien und wir fangen an, uns wieder nach außen zu öffnen; es drängt uns förmlich hinauszugehen. Von alters her wurde die Energie des Neubeginns genutzt, um Fasten- und Entschlackungskuren zu machen, die Körper und Gemüt reinigen, und auf einen neuen Lebenszyklus vorbereitet zu sein. Draußen ist der Tisch reich gedeckt, die Natur schenkt uns genau das, was wir jetzt brauchen: Erste Wildkräuter wie Brennnesseln und Löwenzahn und die zarten Birkenblätter unterstützen die Entgiftung.

Wenn die Weiden ihre silbernen Kätzchen wie glänzende Perlen an den biegsamen Zweigen tragen, dann ist das **Osterfest** nicht mehr weit. Ostern, eines der ältesten Feste im Jahreskreis und das höchste Fest der Christen, hat kein festes Datum, sondern fällt auf den Sonntag nach dem ersten Frühlingsvollmond. Davon sind auch alle anderen Feste im Osterfestkreis abhängig: die Fastensonntage, Palmsonntag, Karfreitag, Christi Himmelfahrt, Pfingsten und Fronleichnam.

Wie rund um Weihnachten sind auch in der österlichen Zeit viele Rituale erhalten, die sich regional unterscheiden. Zu Beginn der Karwoche steht der Palmsonntag, an dem Weidenzweige zusammen mit Buchs, Wacholder, Eibe und anderen immergrünen Zweigen zu Palmbuschen gebunden werden, die dann mit bunten Bändern oder Hobelscharten verziert in der Kirche geweiht werden. Anschließend werden sie auf dem Feld oder im Garten in die Erde gesteckt, um vor Unwetter und Krankheiten zu schützen und für Fruchtbarkeit zu sorgen. In der Karwoche werden gekochte Eier gefärbt und oft stehen Zweige, geschmückt mit ausgeblasenen, bemalten Eiern, in der Vase. Am Gründonnerstag haben vielerorts grüne Speisen wie Spinat oder die Neunkräutersuppe Tradition. Diese „Unkrautsuppe" enthält neun Wildkräuter und wird auch „Neunstärke" oder „Grüne Neune" genannt. Die Vitalstoffe der zarten frischen Kräuter schenken uns Kraft und bringen den Stoffwechsel in Schwung. Karfreitag, der strengste christliche Fastentag, eignet sich ideal für den Osterputz und zum Räuchern. Das passende Räucherwerk lässt sich wie immer intuitiv wählen oder man verwendet Weihrauch und Myrrhe. Die beiden stehen für das Gleichgewicht zwischen Himmel und Erde, sie erden uns und öffnen gleichzeitig nach oben, eine wundervoll harmonisierende Wirkung. Wer etwas frischen Wind für Geist und Körper möchte, kann Pfefferminze oder Zitronenmelisse verräuchern.

In der Osternacht haben in ländlichen Gegenden die Osterfeuer Tradition, sie werden auf den

Berggipfeln oder Hügeln entzündet, um weithin alle Äcker und Felder zu segnen. Der uralte Brauch des Osterfeuers existiert auch als kirchliches Ritual und ist wesentlicher Teil der Osterliturgie, bei der Feuer, Wasser und Speisen geweiht werden. Am Osterfeuer entzündet der Priester die Osterkerze und die Gläubigen tragen das Osterlicht nach Hause. Dann wird Wasser zu Weihwasser gesegnet und in Körben mitgebrachte Speisen werden geweiht. Im Volksglauben hat Osterwasser, das vor Sonnenaufgang geschöpft wird, eine besondere Kraft, die Unheil abwehren soll.

Für die Kinder werden am Ostersonntag Nester mit bunten Eiern und Osterhasen aus Schokolade versteckt. Sowohl der Hase als auch das Ei gelten als Ursymbole der Fruchtbarkeit und des wiederkehrenden Lebens.

In uralten Kulturen beginnt nun der Siegeszug des jugendlichen Sonnengottes über die Dunkelheit. Er küsst mit seinen warmen Strahlen die schlummernde Erde wach und erweckt die schlafende Frühlingsgöttin zu neuem Leben. In der kultischen Vereinigung der beiden wird das neue Licht gezeugt, das neun Monate später zum Wintersolstitium geboren wird.

Bei den Germanen wurde zum Frühlingsäquinoktium ein Fruchtbarkeitsfest zu Ehren der Frühlingsgöttin **Ostara** gefeiert. Sie ist die grüne Göttin der Fruchtbarkeit, der Auferstehung und die Feuergöttin der Morgenröte. Deshalb wird ihr Name, auch „Eostrea" oder „Aurora", vom Osten abgeleitet, wo sich jeden Morgen die Sonne am Firmament erhebt. Ostara öffnet mit ihren Schlüsseln, den gelben Schlüsselblumen, das Tor für den beginnenden Frühling, sie lässt die Wasser wieder fließen für Wachstum und Fruchtbarkeit des Bodens. Ihre Existenz ist nicht wirklich verbürgt, aber ihre helle, frische Kraft ist ganz deutlich zu spüren.

Der Archetypus dieser Zeit ist die intelligente, kreative Göttin, die rational denkt und ihr umfangreiches Wissen klug anwendet. Ihr Wissen ist breit gefächert, sie ist sowohl in der Heilkunst als auch in Wissenschaft und Politik bewandert und dazu eine kreative Künstlerin. Bei den Griechen ist **Athene** diese wunderschöne Göttin der Weisheit, der Kriegs- und Handwerkskunst – **Minerva** bei den Römern. Als einzige olympische Göttin wird sie in einer Rüstung dargestellt. Als Schirmherrin der Streitkräfte hält

sie einen Speer in der einen Hand, in der anderen eine Schale als Göttin der Goldschmiede, Töpfer und Weber. Sie steht für geistige Fruchtbarkeit, für zielstrebiges Denken und Handeln, für die logisch denkende Frau, die sich mehr vom Kopf als vom Herzen führen lässt.
Heute wäre sie die Schutzherrin der IT-Spezialisten, Programmierer und Manager. Laut ihrem Mythos entstieg sie als junge Frau dem Kopf ihres Vaters Zeus und wird deshalb als „Vatertochter" bezeichnet, die sich instinktiv zu mächtigen Männern hingezogen fühlt. Sie symbolisiert die Herrschaft des Willens über die Triebe und ist Ratgeberin und Verbündete heldenhafter Männer. Für andere unsichtbar, steht sie ganz dicht hinter ihren Helden und flüstert ihnen strategische Lösungen und Ratschläge zu. Athene ist zwar wie Artemis unversehrt und fokussiert auf ihre eigenen Bedürfnisse, unterscheidet sich aber von ihr als reifere Version der jungfräulichen Göttin.
Beide Göttinnen fassen ihre Ziele ins Auge und stellen sich den Aufgaben, doch Athene ist durch ihre Rüstung „gewappnet" und dadurch unverletzlich. Sie genießt es, Vertraute und Gefährtin von Männern zu sein oder als Kollegin eng mit ihnen zusammenzuarbeiten, ohne dabei erotische oder emotionale Gefühle zu entwickeln. Die Eule wird der Göttin der Weisheit zugeordnet. Sie bringt Botschaften und Wissen aus anderen Sphären, fordert zur Reflexion auf und eröffnet neue Perspektiven.
Nun erblüht das Mädchen zur jungen Frau. In das Weiß ihrer Unschuld mischt sich das Rot ihrer

Leidenschaft und zeigt sich in den ersten rosa Knospen und Blüten der erwachenden Natur. Diese junge Frau spürt die Bereitschaft, den ersten Schritt hinaus ins Leben zu wagen, sie will selbst über ihren weiteren Lebensweg bestimmen.

Der Start ins eigene Leben ist jedoch wie jeder Neuanfang von Hoffnung und Zuversicht begleitet, gepaart mit Verwirrung und Unsicherheit. Dieses Spannungsfeld zwischen Pubertät und Erwachsensein ist keine einfache Phase, passt jedoch zur Zeitqualität des Frühlings mit seinem launenhaften Wechsel. Der Archetypus der erblühenden jungen Frau ist allerdings nicht nur der Jugend vorbehalten, wir können in jedem Alter neu erblühen, einen lange gehegten Traum verwirklichen, eine große Liebe finden, ein Studium beginnen oder in den warmen Süden auswandern. So wie der Frühling das Eis schmelzen lässt und Erstarrtes auflöst, kann ein lebendiger Geist uns daran hindern, in alten Mustern zu erstarren, und uns dabei unterstützen, dass wir zu der Person werden, die wir wirklich sind.

Folgende Fragen können hierbei hilfreich sein:

- Was in meinem Leben entspricht nicht mehr meinen Bedürfnissen?
- Wo bedarf es einer Erneuerung, damit mein Leben zu mir passt?
- Welch seelischer Keim möchte sich in mir entfalten?
- Wofür brenne ich?
- Welcher Anteil in mir sollte Auferstehung feiern?
- Wie kann ich eine gute Verbindung zwischen Herz und Verstand herstellen, um besser im Gleichgewicht zu sein?
- Was bedeutet es für mein Leben, in Balance zu sein?
- Wie sieht das Wunschbild meiner inneren jungen Frau aus?

ALLEM ANFANG WOHNT EIN ZAUBER INNE

Nun ist das Leben endgültig zurück auf der Erde – es hat spürbar und sichtbar neu begonnen. Den Winter über war es tief drinnen in der Erde, gut behütet von der großen, weisen Mutter, jetzt kehrt es verspielt, fröhlich und leicht zurück. Die Natur ersteht wieder auf, und auch wir Menschen spüren diese aufsteigende Energie, die uns durchströmt.

Es beginnt die Zeit der Neuorientierung. Der Gegenspieler, die Frühjahrsmüdigkeit, ist ein Zeichen dafür, dass wir Altes noch nicht verarbeitet haben, noch daran hängen. Umgekehrt hängt es auch an uns und wir fühlen uns schwer und rasch ermüdet. Die Wetterkapriolen im Außen spiegeln sich in unserem Inneren wider und machen uns oft zu schaffen. Es ist ein Wechselbad, eine Wandlungszeit, die uns herausfordert.

Also gilt es, Bilanz zu ziehen, uns von allem zu verabschieden, was uns zur Last geworden ist – Altes, Verbrauchtes und Überlebtes loszulassen und dem Neuanfang ein freies Feld zu schaffen.

Zuerst muss der Winter mit all seiner Erstarrung, seiner Schwere und Dunkelheit weichen, wir dürfen alte Hüllen ablegen und aus dem Weg räumen, was sich überlebt hat: Kleidung, Einstellungen oder verblasste Träume. Jetzt weht ein anderer Wind! Es ist die Energie der Feuergöttin, die uns beflügelt, wieder hinauszugehen, lebendig und unbeschwert wie die Kinder. Sie beschenkt uns mit der Kraft der Leichtigkeit, der Unbekümmertheit und des neuen Lebens, das sich durch nichts mehr bändigen lässt.

Verbind Dich mit der jungen, grünen Energie der **Frühlingsgöttin**, die jetzt alles durchströmt und bitte sie um Kraft für Erneuerung. Gib all den Ballast Deines Lebens ab, was wegwill. Entscheide ganz bewusst, was Du weggeben kannst an

Gewohnheiten, Gedanken und materiellen Dingen – weil sie sich ein für alle Mal überlebt haben. Ähnlich wie beim Frühjahrsputz kannst Du diese starke Impulskraft auch zur mentalen Reinigung nutzen, um Dich bald innerlich klarer und aufgeräumter zu fühlen.

Werde mutig und lern „Ja, ich kann!", „Ja, ich will!" oder „Nein, ich will nicht!" zu sagen. Damit wächst das Vertrauen in Deine Kräfte und Du kannst in Dir selbst Ordnung schaffen, Altes hinter Dir lassen und neue Wege gehen. Es ist Zeit, die Karten neu zu mischen und frei heraus ein neues Spiel zu wagen! Jetzt ist der Moment gekommen, die Vision, die zu Imbolc zart zu keimen begann, mit dem Feuer der Begeisterung, des Intellekts und des Mutes der Göttin **Athene** Gestalt annehmen zu lassen.

Bleib dabei behutsam und nachsichtig mit Dir, achte darauf, dass Deine Balance stimmt und richte Dich bewusst nach Deiner eigenen Kraft. Setz Dich nicht unter Druck, sei einfach dankbar für die Gelegenheit, das Loslassen üben zu dürfen, denn in ihm liegt die große, hinreißende Kraft des Neuanfangs.

FRÜHJAHRSPUTZ – ZEIT FÜR LEICHTIGKEIT

Seit einiger Zeit ist es „en vogue", während der vorösterlichen Fastenzeit auf Genussmittel zu verzichten oder Social-Media-Detox zu betreiben. So, wie es befreiend wirkt, den Schreibtisch oder Schrank zu entrümpeln, kann auch Fasten im ursprünglichen Sinn befreiend auf Körper und Seele wirken – eine Chance, loszulassen und sich neu zu orientieren, Frühjahrsputz auf allen Ebenen.

Essen und Fasten gehören zusammen, wie Wachsein und Schlafen, wie Ein- und Ausatmen, es sind zwei Seiten derselben Medaille in unserem ganz natürlichen Lebensrhythmus. Wir leben einen ständigen Wechsel zwischen Essens- und Fastenperioden, nur die Dauer ist veränderbar. Denn Essen ist heute so selbstverständlich und im Überfluss vorhanden, dass die Fastenperioden immer kürzer werden. Fakt ist, dass unser Stoffwechsel seit Jahrtausenden darauf eingestellt ist, eine gewisse Zeit ohne bzw. mit sehr wenig Nahrung auszukommen. In der Entwicklungsgeschichte der Menschheit hat es immer wieder Phasen gegeben, in denen die Nahrung karg und knapp war. Neueste Studien weisen darauf hin, dass Menschen, die regelmäßig fasten bzw. weniger essen, statistisch betrachtet, älter werden und gesünder sind als die, die „normal" essen.

> *Jeder kann zaubern, jeder kann seine Ziele erreichen.*
> *Wenn er denken kann, wenn er warten kann, wenn er fasten kann.*
> HERMANN HESSE

Ideal wäre, jedes Jahr eine bewusste Auszeit zur Regeneration für Körper, Geist und Seele zu nehmen, denn Verzicht nimmt nicht, Verzicht gibt – eine Fülle von Dingen, die es gilt, neu zu entdecken und zu genießen. Bewusstes Fasten ist keine Nulldiät, denn es geht in erster Linie nicht ums Abnehmen (obwohl das ein angenehmer Nebeneffekt ist), es ist die Chance für eine Neuorientierung im Körper-Geist-Seele-System. Da Fasten nicht für jeden zu jeder Zeit geeignet ist, sollte nie ohne ärztliche Beratung damit begonnen werden.

Klassisches Fasten läuft so ab:

Du beginnst mit zwei Entlastungstagen, an denen Du nur wenig Gemüse, Reis oder Kartoffeln isst oder Säfte trinkst. Ab jetzt gibt es auch kei-

GEMÜSE-SEELEN-BRÜHE (VEGAN)

Zutaten:

- 200 g Karotten
- je 150 g Petersilienwurzel, Pastinakenwurzel, Knollensellerie
- 80 g Lauch
- 2 Tomaten
- 1 kleine braune Zwiebel
- 5 Pfefferkörner
- 2 Wacholderbeeren
- 2 Lorbeerblätter
- 3 Stängel frische glatte Petersilie

Zubereitung:

- Gemüse waschen, schälen und in ca. 1 cm große Stücke schneiden.
- Tomaten waschen und leicht einschneiden.
- Zwiebel mit der Schale waschen, halbieren und in einer trockenen Pfanne dunkel bräunen.
- Sämtliche Zutaten in einen Topf mit 3 Liter kaltem Wasser geben, aufkochen lassen und bei niedriger Temperatur köchelnd auf ca. 1 Liter reduzieren.
- Danach abseihen und portionsweise weiterverwenden.

Mein Tipp: zu jeder Mahlzeit mit einem anderen frischen Kraut (Petersilie, Thymian, Liebstöckel) erwärmen, das ergibt jedes Mal ein neues Geschmackserlebnis.

Diese Basenbrühe eignet sich auch hervorragend als erstes Getränk am Morgen – nicht nur beim Fasten.

ne Genussmittel mehr, wie Kaffee, schwarzen Tee, Alkohol oder Schokolade.

Zu Beginn des Fastens steht eine Darmentleerung mit einem Einlauf oder Glaubersalz an. Klingt nicht prickelnd, ist aber eine wichtige Voraussetzung für ein gutes Gelingen.

Nun verabschiedest Du Dich ganz bewusst und rituell für fünf Tage von fester Nahrung – nur reichlich Wasser, Tee, Gemüsebrühe ohne Salz und eventuell verdünnte Säfte sind erlaubt.

Wichtig ist, viel zu trinken, achtsam mit sich zu sein und alles langsamer anzugehen. Idealerweise machst Du viel Bewegung an der frischen Luft und sanftes Yoga, gönnst Dir Ruhepausen zum Meditieren, Mandala-Malen oder Tagebuch-Schreiben. Beim Mittagsschlaf kannst Du einen Leberwickel machen, der die Entgiftung unterstützt, außerdem solltest Du auf regelmäßige Darmentleerung achten. Anfangs ist das etwas gewöhnungsbedürftig, nach drei Tagen fühlt man sich in der Regel sehr gut.

Nach dem Fasten braucht es mindestens drei Aufbautage, an denen Du ganz langsam wieder beginnst, feste Nahrung ohne Salz zu Dir zu nehmen. Dabei sollte jeder Bissen gut eingespeichelt und zu Brei gekaut werden. Nach dem Verzicht schmecken die einfachsten Dinge wie ein Apfel oder ein Stück Brot viel intensiver, alle Sinne sind viel sensibler geworden, darüber hinaus ist man schneller satt. An den ersten Tagen sollte möglichst wenig gegessen werden, damit sich der Körper langsam wieder an die Nahrung gewöhnen kann, das Sättigungsgefühl tritt ohnehin viel schneller ein. Wer achtsam in sich hineinhorcht und spürt, was einem wirklich gut tut, kann jetzt einen Neubeginn starten und alte Essensmuster verabschieden.

Idealerweise nimmt man sich zum Fasten ganz aus dem Alltag und gönnt sich diese Tage fern der Arbeit, eventuell sogar in einer Gruppe unter Gleichgesinnten (www.dorothea-neumayr.com) Auf S. 37 findest du ein einfaches Rezept für eine Gemüsebrühe, die auch zwischendurch „gegessen“ werden kann, da sie kein Salz enthält. Ein Teller warme Suppe tut gut, wärmt alle Organe und schenkt das Gefühl von Geborgenheit.

GREEN DETOX

Wer sich zu viel vornimmt, besonders beim Verzicht aufs Essen, der scheitert oft daran. Es muss ja nicht gleich das klassische Fasten sein, man kann ganz einfach mit grünen Smoothies den Körper entlasten, mit wertvollen Pflanzenbestandteilen die Zellen und damit jedes Gewebe stärken und den Darm sanieren. Wer immer wieder Mahlzeiten wie Frühstück oder Abendessen ausfallen lässt und regelmäßig einen Entlastungs- oder Detoxtag einlegt, schenkt seinem Körper wohltuende Verschnaufpausen zur Regeneration. Wichtig ist der hohe Anteil an grünem Blattgemüse und an Wildkräutern, die nur mit wenig Obst abgeschmeckt werden. Geeignet sind alle Sorten von Salat, Gemüseblätter (Radieschen, Kohlrabi, Kohl, Rote Bete etc.) und Spinat, alle Küchenkräuter und vor allem Brennnesseln, Löwenzahn, Gänseblümchen, Spitzwegerich, Sauerampfer und Co.

WILDKRÄUTER – HEILKRAFT AM WEGESRAND

Im April erwachen wir endgültig aus dem „Winterschlaf“ und werden wieder aktiv. Frühe Wildkräuter helfen uns dabei, Schlacken, die sich während der Wintermonate im Körper angehäuft haben, auszuleiten, denn durch ihre Bitterstoffe regen sie den Stoffwechsel an. Hildegard von Bingen schrieb so treffend: „Die ganze Natur steht dem Menschen zu Diensten und legt ihm freudig ihre Güter ans Herz.“ Also nichts wie hinaus in Gottes Apotheke – die ersten kleinen Brennnesseln und Löwenzahnblätter gibt es schon, sie sind Heilpflanzen und Lebensmittel zugleich.

Brennnessel – Urtica urens

Die Brennnessel gilt als „Beschützerin der Säfte“ und ist eine der kräftigsten Heil- und Stärkungspflanzen, die wertvolle Essenzen und mineralische Spurenelemente in unsere Zellen bringen kann. Sie ist eine strahlend schöne Amazone mit der inneren Kraft an essenziellen Säften. Junge Brennnesseln sind pure Frühlingsenergie – sie

DETOX-SMOOTHIE-TAG

So könnte Dein Detox-Smoothie-Tag aussehen:

- **Morgensmoothie** – aus Wildkräutern, mit ein wenig Apfel, Birne oder Ananas und Wasser oder Kokoswasser.
- **Mittagssmoothie** – kann etwas gehaltvoller sein, indem man ein Stück Avocado oder Banane und ein paar Nüsse zufügt. Wer einen Energiekick braucht, kann etwas Matchapulver einrühren.
- **Abendsmoothie** – ihm könnte etwas Kokosnussöl zugefügt werden.

Trink den Gemüsesaft schluckweise und speichle jeden Schluck gut ein, so als wäre es feste Nahrung. Wenn Du noch mehr Effekt erzielen möchtest, dann verlängere das Fastenintervall indem Du den Morgendrink möglichst spät trinkst und den Abendsmoothie entsprechend früh, zwischen 17 und 18 Uhr. So ergibt sich ein langes Intervall in der Nacht, in dem der Körper wertvolles Wachstumshormon (HGH) ausschütten kann, das all unsere Zellen regeneriert.
Zwischen den Smoothies solltest Du entsprechend viel klares Wasser, Kokoswasser oder Kräutertee trinken; auch hier bieten sich Wildkräuter wie z. B. die Brennnessel zur Entschlackung an.

MORGENSMOOTHIE-BEISPIELREZEPT

Zutaten für eine Person:
Je eine Handvoll jungen Spinat oder Feldsalat und Wildkräuter (Brennnesseln, Löwenzahn), ein Stück Salatgurke und ½ Apfel waschen und schneiden. ½ Bio-Zitrone auspressen und alles mit ca. 250 ml Wasser im Standmixer fein pürieren. Nach Geschmack mit etwas Kokoswasser aufgießen und in kleinen Schlucken genießen.

GRÜNER POWERDRINK

Zutaten für eine Person:
Je eine Handvoll Brennnessel- und Löwenzahnblätter eine Stange Staudensellerie, ½ Bio-Orange (geschält) und ca. 5 cm Salatgurke mit etwas Wasser entsaften und sofort genießen.

BRENNNESSELTEE

- Geh in den Garten oder an einen Platz in der Natur, der fernab vom Straßenverkehr liegt und pflück eine Handvoll Brennnesselblätter. Wenn Du achtsam zugreifst, sie oben und unten am Blatt anfasst, brennen sie nicht! Sonst zieh einfach Handschuhe an oder verwende eine Schere.
- Wasch die Blättchen gut ab und übergieß sie mit ¼ Liter kochendem Wasser. Der Tee sollte nur ein bis eineinhalb Minuten ziehen.
- Genieß ihn in kleinen Schlucken in dem Bewusstsein, dass die Brennnesselkraft Deinen Körper richtig durchputzt und ihn wach und lebendig macht. 2–3 Tassen am Tag über drei Wochen getrunken, sind eine ideale Frühjahrskur.

Mein Tipp: Eine Tasse vor dem Meditieren unterstützt die innere Sammlung!

REINIGUNGSTEE

- Sammle zu den Brennnesseln noch eine Handvoll junge Löwenzahnblätter.
- Wasch die Blätter gut und überbrühe 2 TL davon mit ¼ Liter heißem Wasser.
- Lass diesen Tee fünf Minuten ziehen und trink ihn 3-mal täglich in kleinen achtsamen Schlucken.

entfachen unser inneres Feuer, schenken uns Kraft für Neuerungen im Leben und Durchsetzungsvermögen. Als weise Kriegerin ist die Brennnessel ein gut wirkendes Heilkraut bei Allergien, weil sie uns zeigt, wie wir uns nach außen abgrenzen können. Auf der Körperebene bildet und nährt sie das Blut und stärkt so unser Immunsystem. Sie wirkt harntreibend und blutreinigend und unterstützt Nieren und Blase bei der Ausscheidung von Giften, was bei Frühjahrskuren und beim Heilfasten hilfreich ist. Schon Hippokrates, der berühmteste Arzt der Antike, betrachtete die Brennnessel als die wichtigste Pflanze zur Blutreinigung. Inzwischen hat sich die Brennnessel nicht nur als Heilkraut bewährt, sondern wird auch als sogenanntes „Superfood" geschätzt. Ob als Chips, Pesto, Risotto, Suppe, Tee oder als Ersatz für Spinat – aufgrund ihrer zahlreichen Mineralstoffe und Vitamine und dank ihres nussigen Geschmacks fehlt die Brennnessel inzwischen kaum mehr auf dem Speiseplan. Ihre Samen wirken überdies wie ein Aphrodisiakum.

Löwenzahn – Taraxacum officinale

Der botanische Name „Taraxacum" für den Löwenzahn kommt aus dem Griechischen und bedeutet „Ich heile die Störung". Treffender könnte er nicht sein, denn der Löwenzahn ist von der Blüte bis zur Wurzel ein wahres Heilkraut, das uns seine Lebenskraft schenkt und die Selbstheilungskräfte aktiviert. Er wird im zeitigen Frühling munter, gerade zur rechten Zeit, wenn unser Körper reif für den Frühjahrsputz ist, denn er reinigt das gesamte Gewebe, ohne die Nieren zu reizen. Seine Bitterstoffe säubern Leber, Galle und Blut. Als löwenstarker Appetitanreger aktiviert er die Verdauungssäfte für einen gesunden Darm. Gleichzeitig liefert der gelbe Tausendsassa wichtige Nährstoffe und stärkt das Immunsystem. Auf der Seelenebene kann der Löwenzahn unsere innere Sonne wieder zum Leuchten bringen, indem er unser Selbstwertgefühl unterstützt und uns dabei hilft, wieder mit uns selbst ins Reine zu kommen. Und – er gehört zu den Lieblingsblumen der Kinder, denn man kann aus seinen Stängeln Ketten herstellen und Wasserleitungen bauen. Später lassen sich die vielen kleinen Fallschirmchen der Pusteblume in die Lüfte blasen, was auch vielerlei Orakeln diente.

Gänseblümchen – Bellis perennis

Schon bei den Germanen war das kleine Blümchen ein Symbol für Fruchtbarkeit und Neubeginn. Wenn die Frühlingssonne die Wiesen von ihrer Schneedecke befreit, taucht als eine der ersten kleinen Blumen das Gänseblümchen auf und zaubert ein Lächeln in unser Gesicht. Die kleine Sonne ist gefühlt immer da, sie trotzt dem härtesten Frost und streckt ihr Köpfchen dem Sonnenlicht entgegen. Das Gänseblümchen ist nicht nur ein besonders hilfreiches Heilkraut für

Kinder, sondern heilt auch unser Inneres verletztes Kind ganz behutsam. So kann es Erwachsene, die ihr kindliches Strahlen verloren haben, dabei unterstützen, Traumata aufzulösen. Und den Kindern schenkt es zum Spielen die zartesten Blütenkränze, die jedes kleine Mädchen in Prinzessin „Tausendschön“ verwandeln.
Auf der Körperebene hat es eine stark reinigende und entzündungshemmende Wirkung, es aktiviert Niere und Leber und regt den gesamten Stoffwechsel an. In Salben und als Globuli hilft es bei Prellungen und Blutergüssen. Die kleinen Sonnenblütchen schmecken auch köstlich und bereichern jeden Salat, gehören aufs Brot und in die Frühlingskräutersuppe.

So ist für (fast) alles ein Kraut gewachsen und der Fantasie und Kreativität sind keine Grenzen gesetzt. Jetzt kann man wunderbaren Risotto und Suppen kochen mit Brennnesseln oder Bärlauch, Pesto machen für Pasta verde oder den Tag grün beginnen mit einem Wildkräutersmoothie.
Wichtig: Sammle nur Wildkräuter, die Du zweifelsfrei bestimmen kannst und deren Wirkung Dir bekannt ist! Sonst geh besser in die Apotheke oder nimm an einer geführten Kräuterwanderung teil.

HEILSTEINE FÜR DIE FRÜHLINGSGÖTTIN

Als einer der wertvollsten Schmucksteine der Antike galt der **Karneol** bei den Ägyptern als Symbol der Lebenskraft und Erneuerung, bei den Griechen symbolisierte er die wiederkehrende Sonne. Auf der Körperebene kräftigt der Stein die Milz und stärkt damit unser Immunsystem. Darüber hinaus aktiviert er den Kreislauf und sorgt so für bessere Durchblutung, bis in die äußersten Gliedmaßen. Deshalb ist er hilfreich bei kalten Füßen und Händen, bei Erkältungskrankheiten und Grippe. Durch seine entgiftende Wirkung unterstützt der Karneol Leber, Magen, Nieren und Darm bei der Verdauung. Auf das Wurzelchakra aufgelegt können seine wohltuenden Schwingungen den Unterleib durchwärmen und Unterleibsbeschwerden heilen. Auf der Seelenebene steht der Stein für Lebensfreude und Vitalität, er sorgt für Offenheit und verstärkt das Durchhaltevermögen. Der Karneol schenkt uns Optimismus für eine positivere Sichtweise der Dinge und den Mut, Probleme offensiv anzugehen und zu lösen. Er motiviert uns zur Balance, zur ausgleichenden Bewegung zwischen den Polen, um ins Gleichgewicht zu kommen, in unsere Mitte. Deshalb kann dieser Edelstein auch gut dem Gegenpol zugeordnet werden – der Zeit um die Herbst-Tagundnachtgleiche, wenn Licht und Schatten miteinander ringen.
Von alters her wurde der apfelgrüne **Chrysopras** als wichtiger Heilstein geschätzt und war dem Wert des Goldes gleichgestellt. Die Griechen trugen ihn als Schutzstein des Herzens und auch gegen schlechte Laune und Depression. Hildegard von Bingen verwendete ihn gegen Gicht und zur Entgiftung, denn er regt die Leber zu vermehrter Aktivität an und hilft dabei, Schadstoffe aus dem Körper zu leiten. Außerdem reinigt er die Gefäße und verbessert die Fließfähigkeit des Blutes, was ihn zu einem wichtigen „Vorsorgestein“ gegen Herzerkrankungen macht.
Auf der seelischen Ebene wirkt der Chrysopras beruhigend und entspannend, er schenkt innere Zufriedenheit und Gleichgewicht. Als Stein der Erneuerung und Hoffnung kann er dabei helfen, neue Lebensaufgaben leichter und weitsichtiger zu meistern.
Der Chrysopras ist ein sehr starker Heilstein, der z. B. einen Leberwickel beim Fasten noch effizienter machen kann.

INS GLEICHGEWICHT KOMMEN

„Pantha rhei" – alles fließt, alles ist immer in Bewegung, bewegtes Sein, auch im Jahreskreis. Nur an zwei Punkten sind für kurze Zeit die Energien im Gleichgewicht – zum Äquinoktium im Frühling und zu Herbstbeginn. Besonders im Frühling bekommen wir die widersprüchlichen Kräfte in der Natur stark zu spüren, es ist eine herausfordernde Zeit. Zahlreiche Symbole können uns dabei helfen, ins Gleichgewicht zu kommen, innere Balance zu finden. Eines davon ist die **Lemniskate**, das Zeichen für Unendlichkeit, auch als liegende Acht bezeichnet. Sie steht für die immerwährende Entwicklung und den Ausgleich. Alles Leben schwingt wie ein Pendel zwischen den beiden Polen hin und hier, zwischen Tag und Nacht, Lachen und Weinen, Leben und Tod. Wenn Angst vor Veränderung das Pendel hemmt, dann drehen wir uns im Kreis und die Energie beginnt sich aufzustauen. Wir fühlen uns belastet und schwer im körperlichen wie im seelischen Bereich.

Sanfte Bewegungen mit der Achterschleife können sehr heilsam sein. Gleichgültig, ob Du mit geschlossenen Augen die Acht mit Deinen Augäpfeln beschreibst oder mit Deinem Kopf, den Armen, Deinem Becken, ob Du sie tanzt oder auf einem großen Bogen Papier mit Farben aufmalst – Du wirst Dich bald ausgeglichener fühlen und immer mehr in Deine Mitte finden.

Ein anderes sehr kraftvolles Symbol ist das **Labyrinth**. Im Gegensatz zum Irrgarten, der Sackgassen besitzt, gibt es im Labyrinth nur einen Weg, der uns zur Mitte und wieder herausführt. Dieses uralte Göttinnensymbol symbolisiert, wie das Mandala, unseren Lebensweg, unsere „persönliche Heldenreise". Der Weg im klassischen Labyrinth führt uns in sieben Windungen und kann uns still werden lassen und uns in Verbindung mit uns selbst und unseren Themen bringen. Es ist das bewusst In-die-eigene-Mitte-Kommen, das Veränderung möglich macht, das uns wachsen lässt, um gestärkt wieder aus der Mitte hervorzugehen.

An vielen Orten weltweit gibt es Labyrinthe, die uns offen stehen für neue Schritte. Du kannst gut Dein eigenes Labyrinth in der Natur erschaffen und rituell begehen. Verwende einfache Steine oder andere Naturmaterialien, oder leg bunte Stoffbänder aus, die Du danach wieder mit nach Hause nimmst. Lass Dir Zeit beim Legen und werde still, horch in Dich hinein, vielleicht möchtest Du jeder Biegung eine bestimmte Bedeutung zuordnen. Dann sammle Dich, indem Du für einige Zeit die Augen schließt und Dich mit der Weisheit der Göttin **Athene** verbindest. Stell Dich an den Eingang des Labyrinths, bitte Deine Spirits um Unterstützung und übertritt rituell die Schwelle. Nun mach Dich ganz in Deiner Zeit auf den Weg zur Göttin in der Mitte, genieß die Ruhe in der Bewegung, öffne Dein Herz für den Zauber des Labyrinths, für das Hier und Jetzt. Halt an jeder Biegung inne, spür hin zu ihrer Qualität und lass etwas zurück, das Du nicht mehr brauchst. Das bewusste Hineingehen steht symbolisch für das Loslassen und Vergeben. Achte auf Gefühle und Bilder, die vielleicht dabei auftauchen. Im Zentrum angekommen, verweile für einige Zeit, leg oder setz Dich hin, nimm die Natur rund um Dich wahr und Dein Eingebundensein in das große Ganze. Verbinde Dich mit Deinen Spirits und nimm mit Athene Kontakt auf. Du kannst ihr Fragen stellen, Dich mit ihrer Weisheit verbinden, Dich stärken.

Wenn Du spürst, dass es Zeit ist zu gehen, erheb Dich, verneig Dich vor der Schöpfung, dreh Dich bewusst um und beginn Schritt für Schritt rituell das Labyrinth zu verlassen. Nun kannst Du an jeder Biegung etwas für Dich mitnehmen, was Du Dir wünschst, was Dir Kraft gibt, Freude bereitet. Am Ausgang angekommen, bedank Dich bei der Göttin Athene und allen guten Kräften, die Dich dabei unterstützt haben, Altes loszulassen und Neues einzuladen, um Deine Energien ins Gleichgewicht zu bringen.

Solltest Du in der Großstadt wohnen und keine Gelegenheit finden, dieses Ritual in der Natur zu feiern, leg Dir z. B. mit Bändern ein Labyrinth auf den Fußboden.

FRÜHSOMMER

DIE LEBENSLUST ERWECKEN

Wir beherrschen bereits die Energie des Windes,
der Meere und der Sonne.
Doch an dem Tag,
an dem der Mensch mit der Energie der Liebe umzugehen weiß,
wird diese so wichtig sein wie die Entdeckung des Feuers.

TEILHARD DE CHARDIN

Walpurgisnacht – Beltane am 1. Mai

Zuverlässig und beharrlich kehrt die Natur jetzt mit ihrem gesamten Reichtum zurück und ihre unermessliche Vielfalt wird sichtbar. Mutter Erde schenkt alles, was sie an Fruchtbarkeit zu bieten hat, um diese Wiederkehr zu ermöglichen und verteilt ihre üppigen Geschenke in einer Großzügigkeit, die unendlich zu sein scheint.

Es ist Hochfrühling, alle Schätze der Natur sind nun erwacht, die Obstbäume stehen in ihrer weißen Blütenpracht auf den bunten Wiesen. Die Natur festigt jetzt ihre Position, alle Pflanzen erobern sich durch zunehmende Verwurzelung Raum und vergrößern so ihre Stabilität. Sie ziehen ihre Nahrung kräftig aus dem Erdboden, der Kreislauf der Säfte ist neu angeregt. Die Frühblüher sind bereits verwelkt; ihre Aufgabe, auf das Erwachen aufmerksam zu machen, hat sich erfüllt. Alles blüht! Alles sprießt und wächst! Alles strahlt saftig und satt! Die Welt ist ein einziges sinnliches Paradies, eine wahre Wonne!

„Habt Ihr im Monat Mai auf den Wiesen diesen Duft eingeatmet, der allen Lebewesen die Trunkenheit der Fruchtbarkeit vermittelt?“. Mit diesen sinnlichen Worten beschreibt Honoré de Balzac den Wonnemonat Mai so treffend. Die Pflanzen zeigen sich jetzt nicht nur in voller Schönheit, sie verströmen auch großzügig ihre betörenden Düfte. Alles duftet süß – Maiglöckchen, Jasmin und Flieder, das Gras ist so grün wie nie. Die Natur hat sich zur Hochzeit vorbereitet und ist in ein Kleid gehüllt, von dessen Pracht unser Auge nicht lassen kann. Sie präsentiert sich als üppiges, nährendes, sinnliches, großzügiges Schlaraffenland, als Garten größter Sinnenfreuden.

Auch unsere Sinnlichkeit feiert ein neues Erwachen, wenn wir uns von dieser übersprudelnden Energie anstecken lassen. Unsere Herzen blühen auf, wenn wir unsere Augen öffnen und diese Verschwendung genießen! Der Vollmond im Mai steht symbolisch für die Liebesbeziehung zwischen Mann und Frau, er öffnet die Herzen und lässt Freude und Liebe darin erblühen. Im Christentum wird, nach Geburt und Auferstehung, nun das dritte große Fest gefeiert – Pfingsten, die Entsendung des Heiligen Geistes, der die Gabe schenkt, in fremden Sprachen zu sprechen. Im Juni macht sich die Sonne auf den Weg zum höchsten Stand am Firmament, der Ende des Monats mit der Sommersonnenwende erreicht sein wird, es ist der Monat mit dem längsten Tag und der kürzesten Nacht. Das junge Jahr reift heran, der Frühling geht zu Ende. Die Natur zeigt sich in den kräftigsten Farben, wir werden beschenkt und überflutet von Licht und Wärme. Sommerlaune und Leichtigkeit breiten sich aus, wir verspüren neue Lebenslust und Frühlingsgefühle. Nach der ruhenden Sattheit, dem Genießen der leuchtenden Natur im Wonnemonat Mai kommt jetzt wieder Bewegung ins Spiel.

Die Kräfte beginnen, sich zu verströmen, Dynamik, Unruhe und Bewegung liegen in der Luft. Schmetterlinge taumeln über die duftenden Staubgefäße. Bienen und dicke Käfer schwirren umher und besuchen die Blütenkelche, die nun zur Befruchtung bereit sind. Ohne Blühen gäbe es keine Befruchtung, keine Frucht und damit auch kein Weiterbestehen der Pflanze. Die fleißigen Insekten nehmen den Blütenstaub auf und tragen ihn weiter. Auch der Wind sorgt für Bestäubung und legt einen zartgelben Schleier

über die Natur. Die Vögel zwitschern und trällern schon früh morgens ihre Lieder und flattern geschäftig hin und her, um ihre Brut im Nest zu versorgen. Es ist eine „hohe Zeit", die Natur feiert Hochzeit!

Juni ist der Monat der Rose, der Blume der Göttin und der Liebe, mit dem Duft des Paradieses. Prachtvoll leuchten ihre Blüten in allen Farben in den Gärten, wild und zartrosa in den Hecken. Lavendel, Salbei, Thymian und viele Heilkräuter stehen bienenumsurrt in Vollblüte und duften betörend. Jetzt können wir wieder frische Kräuter und Blüten sammeln und unseren Bedarf an Tee und Räucherwerk decken. Wir hören den Kuckuck rufen, spüren Schmetterlinge im Bauch und in lauen Nächten zünden die Glühwürmchen ihre Laternen an. Auf den Feldern reift das Getreide heran, Grillen zirpen ihre eindringlichen Melodien, duftende Walderdbeeren versüßen das Leben.

Jetzt beginnt die Zeit, in der sich die jungfräuliche Göttin zur sinnlich erotischen Göttin wandelt, zur Liebenden, in deren Adern die Leidenschaft pulsiert. Ihr Feiertag ist **Beltane** am 1. Mai, an dem die Kelten die Hochzeit der Erdgöttin mit dem Sonnengott und damit den Beginn des Sommers feierten. Dieses Jahreskreisfest, das den Gegenpol zu Samhain mit den Themen Loslassen und Tod im November darstellt, ist ein orgiastisches Freudenfest zu Ehren der Erneuerung und der Schöpferkraft, bei dem zwei kraftvolle Ritualfeuer abgebrannt wurden. Nach all den Entbehrungen der dunklen, kargen Jahreszeit konnte man sich endlich wieder den sinnlichen Genüssen hingeben und auch der Lust und Sexualität.

Heute noch wird der Maibaum als Symbol dieser Zeit der unbändigen Leidenschaft vielerorts aufgestellt. Ein entrindeter Baumstamm mit grüner Krone wird als phallisches Symbol in die Erde gerammt und durchstößt einen mit bunten Bändern geschmückten grünen Kranz. Er steht für Fruchtbarkeit und die Vereinigung von Mann und Frau.

Das Maibaumaufstellen wird vor allem von der Jugend ausgelassen gefeiert, die im Maitanz ihre Lebenslust feiert. Im Einklang mit der Zeitqualität spüren wir die lebendige Energie in unserem Körper, sind offen für sinnliche Reize und lassen Begehren und Verführung leichter zu. Der schwere Wintermantel hat nun endgültig ausgedient, wir haben das Bedürfnis, unseren Körper zu zeigen und zu spüren. Lust auf Verführung und leidenschaftliche Liebe kündigen sich an. Der Sommer, die Zeit des Lichts und der Lebensfreude bricht an und will gefeiert werden!

In der letzten Nacht der dunklen Jahreshälfte, vom 30. April auf den 1. Mai, wurde bei den Germanen **Walpurgisnacht** gefeiert. Nach altem Volksglauben versammeln sich alle Hexen und Winterdämonen ein letztes Mal und treiben ihr Unwesen, bevor sie von der Sonne endgültig vertrieben und bis zum Herbst in die Unterwelt verbannt werden. Der katholischen Kirche des Mittelalters waren diese wilden, unsittlichen Bräuche, die ungezügelte Lust und Sexualität ein Dorn im Auge. Sie setzte anstelle der Erdgöttin die Heilige Walburga und führte strenge moralische Regeln ein.

Zu dieser Zeit wurden heilkundige Frauen, die über magisches Wissen zur Gesunderhaltung von Tier und Mensch und über seherische Fähigkeiten verfügten, als Hexen verfolgt. Bis in die Neuzeit wurden sie zu Tausenden gefoltert und verbrannt. Die heidnischen Riten, die große, geheimnisvolle Kraft dieser Frauen und ihr Wissen gerieten so immer mehr in Vergessenheit.

In der Barockzeit wurde der Mai zum Marienmonat erhoben. Zu Ehren der **Gottesmutter Maria** werden Marienstatuen üppig mit Blumen geschmückt, der Rosenkranz gebetet und Maiandachten gefeiert. Im römisch-katholischen Glauben ist Maria als Mutter Gottes die „Heilige Mutter" aller, die den Menschen Schutz und Geborgenheit schenkt. Sie diente als Inspiration der schönsten Kathedralen Europas, die ihr zu Ehren erbaut wurden, „Notre-Dame" in Paris ist nur ein Beispiel dafür. Diese Kirchen wurden häufig an Orten errichtet, an denen man vorher einer Göttin gehuldigt hatte. Damit wurde bewusst der Archetypus der Göttin durch Maria ersetzt. In ganz Italien erinnern Kirchennamen daran, z. B. „Santa Maria sopra Minerva" – „Die Heilige Maria über dem Heiligtum von Minerva" – die sowohl in Assisi als auch in Rom an der Stelle eines römischen Minervatempels steht.

Maria wird auf der ganzen Welt nicht nur von den einfachen Menschen nach wie vor so verehrt wie die Göttin in der vorchristlichen Zeit, selbst wenn sie von der Kirche nie zur Göttin erklärt wurde. Die unzähligen Marienwallfahrtsorte und die zunehmenden Berichte über Marienerscheinungen zeigen die Sehnsucht der Menschen nach einer mütterlichen Göttin und die Bedeutung Marias weltweit.

Die Qualität dieser Zeit wird in allen Überlieferungen als Hoch-Zeit beschrieben, in der es um gegenseitiges Begehren, sexuelle Ekstase, hemmungslose Lust, um Fruchtbarkeit, Potenz und Verschmelzung geht. Ihr Archetyp ist die Liebende, die lustvoll erotische Göttin, die sich mit einem Gott ihrer Wahl vereinigt und neues Leben hervorbringt.

Im antiken Rom ist dies **Flora,** „mater floralis", eine der ältesten Vegetationsgöttinnen, deren Name heute noch für die gesamte Pflanzenwelt steht. Flora verkörpert mit ihrer atemberauben-

DAS WALPURGIS- ODER BELTANEFEST

Dieses Ereignis schenkt uns eine gute Gelegenheit, uns mit den magischen Zauberkräften unserer Ahnen, aber auch von Tieren und Pflanzen zu verbinden. Dabei gilt es nicht nur, diese eine Nacht zu feiern, sondern sie als Auftakt einer wundervollen Zeit des sinnlichen Schwelgens zu sehen. Die **Liebende Göttin** kann uns nicht nur dabei unterstützen, unsere Sinnlichkeit und weibliche Sexualität zu entfalten und selbstbewusst zu leben, sondern uns auf allen Ebenen der Schönheit der Welt zu öffnen.

Sinnlichkeit bezieht sich nicht ausschließlich auf Erotik und Sexualität, sondern auch auf Genuss von Natur, Kunst oder Essen, auf alles, was Geist und Körper anregt. Sie ist das saftige Grün der Wiese, der süße Duft der Rosen, Erdbeeren auf der Zunge, die verspielte Melodie, eine anmutige Bewegung, Tanz und Berührung – sie ist das Leben selbst.

Das Leben ist ein Fest – worauf wartest Du noch? Du benötigst kein starres Ritual und auch keinen bestimmten Ort dafür! Zieh Dein Lieblingskleid an und mach Dich hübsch. Schau in den Spiegel und erkenn Deine eigene Göttlichkeit. Vielleicht magst Du roten Lippenstift auftragen und Deine Nägel lackieren oder einfach Deine Haare neu stylen? Rot steht für Liebe und Leidenschaft und lässt wie von selbst Sinnlichkeit entstehen, ein Hauch von Parfum tut das Seine dazu. Nimm Deinen Liebsten an der Hand oder lad Freunde und ganz viel Lebenslust ein. Zünd Kerzen an, leg Deine Lieblingsmusik auf und tanz wild und ungezügelt dazu. Richte Maibowle her oder öffne eine gute Flasche Rotwein, wenn Du im Freien feierst, zünd Feuer in einer Feuerschale an oder leg Dich einfach ins Gras. Schmeck, riech, spür das Leben mit all Deinen Sinnen und feiere das Leben!

den Schönheit die jugendliche Göttin, ungebunden, leidenschaftlich und erotisch. Ihr zu Ehren feierte man Anfang Mai rauschende Frühlingsfeste, die Floralien, bei denen tagelang ausgelassen gefeiert, getanzt und geliebt wurde. Die römische Frühlingsgöttin **Venus** steht für Liebe, Schönheit und Harmonie, sie entflammt unsere Leidenschaft und schenkt uns die Gabe, unsere Weiblichkeit zu genießen. Der Göttin der Ästhetik und des sinnlichen Genusses werden Rosen und Myrten zugeordnet.

Bei den Griechen ist **Aphrodite,** die schönste aller olympischen Göttinnen, der klassische Archetyp der Liebenden. Ihr Mythos erzählt, dass sie aus der Vereinigung des Himmelsgottes Uranus mit den Wellen des Meeres als „Schaumgeborene" an Land gegangen ist. Das Gemälde „Geburt der Venus" von Botticelli mit der auf einer Muschel an Land gleitenden Göttin hat ihr Auftauchen aus dem Meer unsterblich gemacht. Aphrodite war unwiderstehlich und leidenschaftlich, sie war unter den Göttinnen als Einzige frei, ohne jungfräulich zu sein, sie hatte unzählige Liebesaffären und viele Kinder. Stolz, gleichberechtigt und unabhängig erwählte sie ihre Geliebten. So hatte sie eine lange Beziehung zum Kriegsgott Ares, dem römischen Mars, dem sie drei Kinder gebar – Harmonia, die Eintracht, und die beiden Söhne Phobos, die Angst, und Deimos, die Gewalt. Die Vereinigung der zwei mächtigen Archetypen Liebe und Hass, die sich kaum kontrollieren lassen, symbolisiert, dass sie in absoluter Ausgewogenheit Eintracht erzeugen können.

Jede Frau, die sich verliebt und geliebt wird, verwandelt sich in eine Göttin der Liebe, die aufblüht, von innen heraus strahlt und sich unendlich sinnlich und attraktiv fühlt. Sie wird von der „gewöhnlichen Sterblichen" zu einer Liebesgöttin mit magischer Anziehungskraft und unwiderstehlicher Erotik. Der Archetyp der Aphrodite kann jedoch problematisch werden, wenn weibliche sexuelle Unabhängigkeit Neid und Verurteilung hervorrufen. Fast alle Kulturen der letzten Jahrtausende haben diesen weiblichen Archetypus, der die sinnliche Geliebte verkörpert, tabuisiert und zur Verführerin oder Hure erniedrigt. Die gegensätzlichen Aspekte von Madonna und Hure halten bis heute die Spaltung des patriarchalen Frauenbilds aufrecht. Das sündige Weib, durch strenge moralische Regeln verbannt, wird zur heimlichen Geliebten. Lustvolle, selbstbestimmte Weiblichkeit frei von Scham zu leben, braucht in unserer Gesellschaft Mut und ein starkes Selbst, um Diffamierungen zu ertragen und Rollenklischees aufzulösen.

In der nordischen Mythologie verkörpert **Freya** die Liebende, die unabhängige Göttin der Sinnlichkeit und Sexualität. Sie ist die Urgöttin, die schönste und begehrteste aller Göttinnen und Anführerin der Walküren. Diese sind weibliche Geistwesen, die zwischen der diesseitigen Welt und dem Jenseits hin und her wechseln können. Sie gelten als Zwischenwesen zwischen Menschen und Göttern, der Schwan ist ihr Tier. In Richard Wagners „Ring der Nibelungen" begegnen sie uns in der Oper. Freyas Fest ist der 1. Mai und die Nacht davor. Der Freitag ist ihr Ehrentag, der ihr geweiht ist – franz. „Vendredi" und ital. „Venerdi" sind entsprechend nach der Göttin Venus benannt.

Jemanden „freien" ist ein veraltetes Synonym für umwerben und ehelichen. Freya ist wie Venus Aphrodite die junge Frau, die kein Mädchen mehr ist und ihre zahlreichen Liebhaber selbst erwählt. Sie liebt es zu lieben und schenkt Sexualität frei von Scham und Schuld als unbezahlbares Geschenk, als eine Feier des Lebens. Ihre göttliche Energie der Lebendigkeit und Lust spüren wir nicht nur in der Maienzeit in unseren Körpern, sondern immer wenn wir von der Liebe berauscht sind. Im Augenblick der heiligen Vereinigung im Sex, in der völligen Hingabe, im Einswerden jenseits von Raum und Zeit wird jede Frau die Liebende Göttin selbst – zum Fließen purer Liebesenergie.

Das Märchen vom **Dornröschen** entspricht diesem Archetyp als Symbol für das Erwachen der weiblichen Sexualität. Beschützt von der Dornenhecke (vgl. Weißdorn) erlangt sie im Schlaf körperliche und seelische Reife und als sie bereit ist für Liebe und Sexualität, erblühen die Rosen. Die Hecke öffnet sich für den richtigen Mann, den Prinzen, der Dornröschen wachküsst als Zeichen seiner Liebe. Das Mädchen wird zur Frau, Dornröschen erblüht zur Rose.

ZEIT ZUM AUFBLÜHEN

Jetzt ist die Zeit gekommen, aus dem Füllhorn der Natur zu schöpfen, über Blumenwiesen zu tanzen und das Leben zu feiern. Zu keiner anderen Jahreszeit durchströmt uns so viel Energie und Lebensfreude wie jetzt. Blumen, Büsche und Bäume zeigen ihre berauschende Farbenpracht und betören mit süßem Duft – Schönheit in Hülle und Fülle!

Die Natur zeigt uns, dass jedes Lebewesen die Sehnsucht in sich trägt, aufzublühen und sich zu entfalten. Während wir als Kinder unbeschwert durch die Wiesen tanzten und Kränze aus Löwenzahn und Gänseblümchen im Haar trugen, berauben wir uns als Erwachsene oft selbst dieser lebendigen Momente.

Mach einen ausgedehnten Spaziergang, lass Dich von der Sonne wachküssen und Deinen Körper mit heilsamer Energie fluten. Überall blüht und duftet es bunt und üppig, Wiesen, Bäume und Sträucher stehen in saftigem Grün – schwelge in diesem Blütenrausch und lass Dich von der grenzenlosen Schönheit verzaubern. Schmück Dich mit frischem Buchengrün, koste zarte Blüten oder Sauerklee. Lauf barfuß durchs taunasse Gras, tanz mit den Schmetterlingen und sing das Frühlingslied der Vögel. Pflück Dir einen bunten Wiesenblumenstrauß für Dein Zuhause und binde Dir liebevoll einen Blütenkranz fürs Haar. Trag ihn elegant und aufrecht zu Ehren der **Frühlingsgöttin** in Dir und spür dabei, wie dieser Kranz Dich mit der Erde und den himmlischen Kräften verbindet. Fühl Dich verbunden, leg Deine Scheu ab und tanz fröhlichen Herzens Deinen Frühlingsreigen.

PFLANZEN DER GÖTTIN

Frauenmantel – Alchemilla

Der Frauenmantel gehört zur großen Familie der Rosengewächse. Er entfaltet seine Anmut in der Schönheit seiner Blätter, die wie zu einer Schale gefaltet, jeden Morgen mit einem kristallklaren

AGNI SARA – ESSENZ DES FEUERS

Diese Übung für neue Energie und Entfachung des inneren Feuers kommt aus dem Yoga und eignet sich besonders gut morgens zum Aufwachen. Sie aktiviert bzw. harmonisiert das innere Feuer, die Sonne im Bauch, hilft richtig wach zu werden, regt die Ausscheidungen an und wirkt bei allen Arten von Verdauungsproblemen. Du kannst sie auch tagsüber machen, um Dein Sonnengeflecht zu aktivieren, neue Kraft zu bekommen und mit frischer Energie an neue Aufgaben zu gehen.

Agni Sara tut auch gut, wenn Du Dich innerlich blockiert fühlst und wieder frei werden möchtest, denn sie hilft, Deine innere Mitte zu finden, die die Quelle von Selbstbewusstsein, Mut und Enthusiasmus ist.

- Stell Dich aufrecht hin, die Füße etwa hüftbreit auseinander, die Fußsohlen fest am Boden.
- Schließ nun die Augen, komm in Dir an und atme ein paar Mal ganz ruhig und sanft ein und aus.
- Dann atme aktiv durch den Mund vollständig aus.
- Geh dabei leicht in die Knie und stütz die Hände auf den Oberschenkeln oder Knien ab. Deine Schultern bleiben dabei höher als Dein Becken.
- Ohne zu atmen, mit leeren Lungen, ziehst Du nun den Bauch ein und lässt ihn wieder nach vorne schnellen.
- Mach dies ein paar Mal hintereinander.
- Wenn Du den Impuls zum Einatmen spürst, lass erst den Bauch nach vorne gehen, richte Dich auf und atme dann wieder ein. Atme ein paar Mal ruhig weiter und beginn wieder von vorne.
- Mach etwa fünf Wiederholungen.
- Stell Dich anschließend aufrecht hin, schließ wieder die Augen, leg beide Hände auf Deine Mitte und spür nach.

Diese Übung wird im Yoga auch „Feuerreinigung" genannt, weil durch sie Reinigung geschieht – sei es auf physischer Ebene bei der Verdauung oder auf energetischer Ebene, auf der Emotionen hochkommen und bereinigt werden können.

DIE FARBE ROT

Unter allen Farben hat Rot die größte Bedeutung in allen Kulturen der Welt als Symbol für Vitalität, Schönheit und Sexualität. „Wir begrüßen sie heftig, und wir schrecken ebenso heftig vor ihr zurück. Sie lässt den Lebensatem schneller, aber zugleich ängstlicher werden", schrieb Otto Betz. Es ist die Farbe des Feuers, unseres Blutes und der weiblichen Mensis. Rot erregt die größte Aufmerksamkeit und die stärksten Emotionen, es hat Signalwirkung und Verführungskraft – die entflammende Energie von Eros und das Verschmelzen der Liebenden.

Rote Herzen und rote Rosen gelten als Beweis der Liebe; die käufliche Liebe findet im „Rotlicht"milieu statt. „Rote Lippen soll man küssen…" heißt es in einem alten Schlager, denn Rot schwingt als urweiblichste aller Farben in der Frequenz von Leidenschaft und Liebe. Eine Frau, die gerne Rot trägt, sei es als Lippenstift, Nagellack oder Kleid, setzt damit bewusst Signale und hat gelernt, souverän mit den entsprechenden Reaktionen umzugehen. Stars und Diven lieben es, auf dem roten Teppich im Mittelpunkt zu stehen und alle Blicke und Kameras auf sich zu ziehen. In Italien werden zu Silvester rote Dessous getragen, das soll Glück bringen. Rot lässt uns sichtbar werden; ein kleines Accessoire genügt schon, ein Armband, Ohrringe, ein Gürtel oder Highheels, und die Energie verändert sich.

Tropfen gefüllt sind. Als starkes Frauenheilmittel war er von jeher unter den Schutz der Göttin gestellt und Zeichen für weibliche Harmonie. Eine Besonderheit der Pflanze ist, dass sie ohne männliche Bestäubung Samen bilden kann, deshalb ist sie auch den Jungfraugöttinnen geweiht. Die alten Kräuterheilkundigen sahen die Kraft der Venus im Frauenmantel, bei den heilkundigen Germanenfrauen war es Freya, die Göttin der Liebe und der Fruchtbarkeit; nach der Christianisierung stand er unter dem schützenden Mantel Marias. Im Volksmund deuten viele Namen auf diesen Ursprung hin, wie „Jungfrauenmantel", „Muttergottesmäntelchen", „Venusmantel" oder auch „Aller Frauen Heil".

Der Frauenmantel ist ein Schutzkraut, das den weiblichen Kräften in Mann und Frau Stabilität schenkt und wie ein schützender Umhang Seele und Körper einhüllt. Er gilt aber vor allem als Allheilmittel bei allen Frauenkrankheiten. Das Kraut schenkt Halt und Offenheit in Wandlungszeiten und lindert Wechseljahrsbeschwerden wie innere Unruhe und Stimmungsschwankungen. Es erleichtert Schmerzen bei der Menstruation, begleitet Schwangerschaft und Geburt, wirkt herzstärkend, entzündungshemmend und wundheilend. Aufgrund seiner adstringierenden Wirkung kommt der Frauenmantel auch in der Naturkosmetik zur Anwendung als Gesichtswasser. Wer seine Meditationen vertiefen möchte, kann das getrocknete Kraut auf Räucherkohle verräuchern. Die Heilkräfte der Pflanze öffnen so unser feinstoffliches Feld und sensibilisieren zur Innenschau und zum Nach-innen-Hören.

Weißdorn – Crataegus

Weißdorn, die Herzensmeisterin, ist ein uraltes Gewächs, das in ganz Europa an Wegen und Waldrändern wächst, seine stark verzweigten Äste sind reich an Dornen. Deshalb wurde er auch in alten Zeiten als Schutz für Hof und Tier gepflanzt, sein alter Name „Hagedorn" bedeutet so viel wie Einfriedung. Er gehört ebenfalls zu den Rosengewächsen, deren Blütenblätter meist herzförmig sind. Pünktlich zu Maibeginn schmückt der Weißdorn sich mit einem weißen Blütenkleid, weshalb er für die Kelten die Frühlingsgöttin verkörperte, die ihr schönstes Hochzeitskleid für die Vermählung mit dem Sonnengott trägt. Zu Beltane feierten alle zusammen dieses göttliche Hochzeitsfest. Die Frauen flochten die zarten Weißdornblüten in ihr Haar, die Männer trugen sie an ihren Jacken, und so tanzten die verliebten Paare die ganze Nacht in seinem betörenden Duft.

> *Im Schutz des Weißdorns darf ich sein, wie ich wirklich bin. In dieser Nacktheit und Verletzlichkeit finde ich die Stärke, den Mut und die Zuversicht, den Weg meines Herzens zu gehen und dabei niemals aufzugeben.*
> ALFRED ZENZ

Lange bevor der Weißdorn in Europa als Heilmittel erkannt wurde, war er in China und in der indianischen Medizin geschätzt. Er gilt als das Herzmittel schlechthin, denn er birgt die Kraft in sich, das Herz mit Energie einzuhüllen und zu stärken, sodass es wieder zu seinem eigenen Rhythmus findet. Seine Blüten und Blätter sorgen für Ruhe und Ordnung in gestressten Herzen bei Überanstrengung und auch bei Liebeskummer und Herzeleid. Er hilft uns dabei, Herzensenergie zu bündeln und so Geschehnisse in und um uns herum gelassen mit dem liebenden Blick des Herzens zu betrachten. Darüber hinaus sind Knospen, Blüten und junge Blätter eine köstliche Delikatesse im Salat, als Wildgemüse oder über Pasta und Suppe gestreut.

Superfood für Herz und Kreislauf
Eine ganz einfache Methode ist das Trocknen der Weißdornblätter an einem luftigen Ort oder im Backofen bei 50°. Danach werden die Blätter zu feinem Pulver zermahlen und in saubere, dunkle Schraubgläser gefüllt (Beschriften nicht vergessen!). So kann man seinem grünen Smoothie, Porridge oder Müsli bis über den Winter hinaus einen hochwertigen Booster verleihen.

Rotklee – Trifolium pratense

Den roten Wiesenklee kennt jedes Kind, denn er ist auf saftigen Wiesen und Feldern als Futterpflanze weitverbreitet. Seine leuchtend roten Blütenköpfchen enthalten reichlich Nektar und sind daher bei wilden Insekten sehr beliebt. Meist ist der Klee dreiblättrig und gilt als Pflanze der **Großen Göttin** in ihrer dreieinigen Kraft.
Die Kelten waren überzeugt, dass er überall dort wuchs, wo die Frühlingsgöttin ihren Fuß auf die Erde setzte. So wie diese junge Göttin gleichzeitig die Mutter als fruchtbare Sommergöttin und die alte Weise als Wintergöttin verkörpert, so symbolisieren die drei Blätter des Klees diese Lebensabschnitte. Deshalb wurde der Klee als segensreiche, heilige Pflanze gesehen. Manchmal zeigt er auch vier Blätter und soll seinem Finder Glück bringen. Als Glücksbringer für das neue Jahr wird er gerne zu Silvester verschenkt. In alten Zeiten wurde der Klee in Kleider eingenäht oder in die Schuhe gelegt, um auf Reisen beschützt zu sein.
Es hieß auch, dass der Rotklee die Hellsichtigkeit fördert und in die Anderswelt begleitet. In der Frauenheilkunde gilt er als unser wichtigstes heimisches Phytoöstrogen, was ihn zu einem beliebten Heilmittel in den Wechseljahren macht, da er die klassischen Beschwerden wie Hitzewallungen und Schlafstörungen lindert. Seine Isoflavone schützen unsere Zellen, außerdem beugt er Osteoporose vor, wirkt verjüngend auf die Haut und entlastet die Lymphe. Durch die

TRANCEREISE IM ROTKLEE

- Such Dir beim Spazierengehen eine schöne Rotkleewiese und setz oder leg Dich mitten hinein. Wenn Du keine Gelegenheit dazu hast, dann mach es Dir zu Hause bequem und stell Dir vor Deinem inneren Auge eine solche Wiese vor.
- Atme tief aus und sanft wieder ein und schließ dabei die Augen. Dann nimm mit dem Geistwesen des Rotklees Kontakt auf und bitte ihn um Unterstützung auf Deiner inneren Reise.
- Begib Dich in Deiner Bilderwelt in die Mitte des rotleuchtenden Blütenköpfchens, nimm seinen süßen Duft wahr und spür die Geborgenheit. Dann tauch immer tiefer ein in eine Trance und bitte **Venus** darum, mit ihr in Kontakt treten zu dürfen.
- Wenn Du ihre Anwesenheit spürst oder siehst, öffne Dich für Ihre Weisheit und Liebe und lass Dich von ihr in die andere Wirklichkeit mitnehmen. Richte nun all Deine Fragen an sie und verbinde Dich mit ihren Zauberkräften, damit Du immer mehr Deine Bestimmung leben kannst. Als Frühlingsgöttin kann sie Sinnlichkeit, Erotik, sexuelle Begierde und Liebe in Dir erwecken und Dir die Gabe schenken, Deine Schönheit und Weiblichkeit zu erkennen und stolz zu genießen.
- Spür, wie Du eingebettet im Duft der zarten Rotkleeblüte die Liebesenergie der Göttin empfängst, wie sie Dich bis in die kleinste Zelle durchströmt – sanft, erregend, nährend, kraftvoll, heilend.
- Nimm die Liebe in Dir auf, bis auch Dein Herz wohlig erfüllt überfließt und genieß es einfach. Dann bedank Dich bei der Göttin und verabschiede Dich.
- Atme ein paarmal bewusst und tief ein und aus, klopf sanft die Fingerspitzen gegeneinander, um die Bilder zu verankern und öffne dann erst die Augen.
- Spür, wie Du wach und gestärkt wieder in Deiner Gegenwart ankommst, fühl die unendliche Liebe in Dir und den Schutz der wundervollen Pflanze. Du kannst Dich nun umsehen, vielleicht wächst ja vor Deiner Nase ein vierblättriger Glücksklee, den Du mitnehmen möchtest. Oder Du pflückst Dir einen Wiesenkleestrauß als Erinnerung an Deine Bilderreise für die Vase zu Hause.

Kraft der dreifachen Göttin steht er Frauen in all ihren Wandlungsphasen bei, er beschützt und verbindet mit der Weisheit unserer Ahninnen. Je nach Lebensabschnitt können wir auf ganz verschiedene Art und Weise seine Unterstützung annehmen.

Seine Blüten und Blättchen schmecken im Salat, in Suppen, auf Brot oder Rührei. Als Tee wirken getrocknete Kleeblüten innerlich blutreinigend, äußerlich, als Kompressen, wundheilend. In turbulenten, stressigen Zeiten beruhigt eine Räucherung mit Rotklee, sie stärkt und zentriert und reinigt die Aura von fremden Energien. Man könnte sich auch in eine Wiese setzen oder legen, in der viel Klee wächst und mit ihm Kontakt aufnehmen. In der Zeitqualität der Mondfeste und des expansiven Wachstums sind die Kräfte, die uns helfen, mit Naturwesen in Kontakt zu treten, besonders intensiv. Mithilfe von Meditationen und Trancereisen fällt es uns jetzt besonders leicht, Botschaften zu empfangen und unser Bewusstsein zu erweitern.

HEILSTEINE FÜR DIE LIEBENDE GÖTTIN

Seit der Antike wird der **Rosenquarz** als Stein der Liebe und des Herzens verehrt. Der Mythos erzählt, dass ihn Eros, der Sohn der Aphrodite und der griechische Gott der Liebe, zu den Menschen gebracht hat. Der Rosenquarz sollte ihnen die Urkraft der innigen Liebe und Versöhnung schenken und auch die Fruchtbarkeit fördern.

Durch die vielseitigen Heilwirkungen hat der Stein in den letzten Jahren an großer Beliebtheit und Bedeutung gewonnen. Größere Exemplare werden häufig in Räumen als Schutzstein gegen Erd- und Wasserstrahlung und elektromagnetische Strahlen des Computers aufgestellt, neben dem Bett soll er vor Schlafstörungen und Kopfschmerzen schützen.

Auf der körperlichen Ebene wirkt der Rosenquarz am stärksten auf das Herz, er unterstützt den Herzmuskel und den Blutkreislauf. Er stärkt die Vitalität und harmonisiert das Sexualleben. Auf der Seelenebene lässt er im Herzen erkennen, dass alles miteinander verbunden ist und nichts getrennt vom anderen existieren kann, das Bewusstsein der Verbindung mit dem Ursprung entwickelt sich. Der Rosenquarz hilft, eigene Bedürfnisse und sich selbst anzunehmen, sich selbst zu lieben und so auch andere Menschen annehmen zu können, wie sie sind. Durch den rosafarbenen Edelstein können wir Heilung des Herzens von emotionalen Verletzungen und neuen Halt nach einer enttäuschten Liebe finden. Er sieht fein und harmlos aus, seine Stärke ist allerdings nicht zu unterschätzen. Durch seine sensiblen Schwingungen schenkt er Kindern Durchsetzungsvermögen und Schutz für ihre zarten Seelen.

Der dunkelgrüne Edelstein **Malachit** gilt als Stein der Frauen und ist den Göttinnen Freya, Venus und Aphrodite geweiht. Die Ägypter verehrten ihn als Stein der Hoffnung, der Harmonie und Glück in der Partnerschaft bescheren sollte. In vielen Kulturen gilt der Edelstein als Symbol der Göttin, als Repräsentant des Paradieses mit all seiner Schönheit und sinnlichen Verführung. Der Malachit ist ein sehr kräftiger Heilstein; mittels Auflegen auf den Unterleib können Menstruationsbeschwerden durch seine entkrampfende Wirkung gelindert sowie die Libido und Fruchtbarkeit gesteigert werden. Gleichzeitig wirkt er stark reinigend auf den Stoffwechsel und stärkt dadurch die Leber und das Immunsystem. Auf der Seelenebene weckt er unsere Lebensfreude und Hoffnung, steigert die Konfliktbereitschaft und sorgt so für mehr Ausgeglichenheit. Über das Herzchakra durchströmt er uns mit dem Gefühl der Liebe und der Verbundenheit zur Natur.

HIMBEERKNOSPEN-MAZERAT

Eine andere wichtige Frauenheilpflanze ist die Himbeere (Rubus idaeus), die ebenfalls zur Familie der Rosengewächse gehört und aufgrund ihrer therapeutisch wirksamen Inhaltsstoffe als Apotheke des Gartens gilt. Ihre Blätter werden in der Volksheilkunde zur Lockerung der Gebärmutter- und Beckenmuskulatur vor der Geburt und bei Menstruationsbeschwerden verwendet.
Hier gilt das besondere Augenmerk den jungen Himbeerknospen. Da jede einzelne kleine Knospe die Lebenskraft der ganzen Pflanze in sich trägt, steckt sie voller wertvollster Inhaltsstoffe und junger Zellen. Die Knospen wirken entspannend und schmerzstillend, harmonisieren das weibliche Hormonsystem und unterstützen die Funktion der Eierstöcke. Um diese Knospenkraft zu therapeutischen Zwecken gewinnen zu können, erzeugt man einen Auszug, das sogenannte „Gemmo Mazerat“:

- Dazu werden wilde Himbeerknospen in einem Mörser zerkleinert.
- Dann vermischt man sie im Verhältnis 1:3 mit Wasser, 40 % Alkohol und pflanzlichem Glycerin und füllt das Gemisch in ein Glas mit Schraubdeckel, das man an einem dunklen Ort für drei Wochen stehen lässt.
- Das Glas wird jeden Tag liebevoll geschüttelt.
- Danach filtert man den Auszug sorgfältig und füllt ihn in kleine Braunglasfläschchen mit Zerstäuber. (Beschriften nicht vergessen!)

Bei Bedarf wird das Mazerat 3-mal täglich pur in den Mund gesprüht, in akuten Fällen kann eine vorübergehende Erhöhung der Einnahmemenge sinnvoll sein. Nach dem Essen oder Zähneputzen sollte man ca. 10 Minuten mit der Einnahme warten, damit die Mundschleimhaut aufnahmebereit ist.

Das Himbeerknospen-Mazerat ist ein wundervolles Mittel bei vielen Frauenbeschwerden. Es wirkt nicht nur auf der Körperebene sanft harmonisierend, sondern hilft auch, die natürliche seelische Balance wiederherzustellen.

Ich liebe es, meine kleinen Helfer selbst herzustellen, denn dann bin ich ganz im Einklang mit der Natur. Ich beobachte genau, um den richtigen Zeitpunkt für die

Ernte zu finden und bitte die jeweilige Göttin um Unterstützung. Ich kommuniziere mit den Pflanzen, bedanke mich beim Ernten für das Geschenk und stelle den Auszug, die Salbe oder den Tee mit großer Achtsamkeit und viel Liebe her. Wenn ich das Heilmittel dann anwende, habe ich einen tiefen Bezug zur Pflanze und ihrer Wirkung, was schon einen Teil der Heilung in sich birgt. Wenn Du keine Möglichkeit dazu hast oder einfach lieber ein fertiges Produkt verwenden möchtest, dann besorg Dir ein Himbeer-Gemmo-Mazerat aus der Apotheke.

ÜBUNG ZUR SELBSTREFLEXION

Es tut gut, sich immer wieder nach innen zu wenden, in Kontakt mit sich selbst zu treten, Fragen zu stellen und den Antworten zu lauschen.

Setz Dich an einen ruhigen Ort, lass Deine Augen zugehen und atme ganz bewusst ein und aus. Sink nun aus dem denkenden Verstand in Deinen Herzraum und öffne so Dein Herz für die Liebe zu Dir und allen Wesen.

Geh ganz in Deine Mitte, verbind Dich mit Deiner inneren Quelle und mit **Venus Aphrodite** oder **Freya** als Inspiration. Dann stell Dir Fragen und beobachte, welche Bilder und Gedanken Dir als erstes in den Sinn kommen. Schreib sie auf.

- Fühle ich mich vom Leben genährt oder habe ich das Gefühl zu wenig abzubekommen? Wo komme ich zu kurz?
- Sorge ich gut für meinen inneren Garten?
- Was gibt mir Sicherheit?
- Wie stelle ich mir meine Schutzhülle vor?
- Welche (inneren) Zäune habe ich errichtet, über die ich mich nicht wage?
- Gebe ich meinen Gefühlen, meinen Wünschen genügend Raum?
- Lebe ich mein inneres Feuer, meine Erotik, oder halte ich sie zu oft im Zaum?
- Was bin ich mir wert?
- Welche Werte sind mir wichtig?

SOMMERBEGINN

AM WENDEPUNKT INNEHALTEN

Man muss den Blumen,
Gräsern und Schmetterlingen
auch noch so nah sein wie ein Kind,
das nicht viel über sie hinwegreicht.

FRIEDRICH NIETZSCHE

Sommersonnenwende am 21. Juni

Die Sonne hat den höchsten Punkt ihrer Bahn erreicht, wir durchleben die längsten Tage und kürzesten Nächte. In der Zeit der Sommersonnenwende hat die Erde voll ausgeatmet. Was der Frühling hoffnungsvoll versprach, ist nun erfüllt – ein Mehr gibt es nicht.

Die Zeit hält an diesem magischen Wendepunkt lauschend den Atem an. Der Sommer beginnt, die Hitze nimmt zu, doch die Intensität des Lichtes nimmt bereits wieder ab. Die Sonne schaltet nun ihren Rückwärtsgang ein und verkündet damit eine Wende, die das Streben nach außen und nach vorne langsam in ein Nach-innen-Gehen verwandelt.

In der Natur beginnt jetzt die Zeit der eigentlichen Schwangerschaft, die Wachstumskräfte wenden sich nach innen, es bildet sich der Fruchtansatz, in dem der Same heranreifen soll, in dem künftiges Leben vorbereitet wird. Dabei spielt der Regen als Leben spendendes Wasser eine große Rolle. Die Fruchtbarkeit zeigt sich in ihrer ganzen Fülle. Die vielfältigsten Früchte wachsen heran und reifen, manche sind schon zur Ernte bereit, andere genießen noch die volle Kraft der Sonne und das Nass des Regens, um zur vollen Reife zu gelangen.

Ein Füllhorn an Düften, Farben und Geschmäcken ergießt sich; alle Genüsse der Reife – unendliche Fülle und erste Ernte, der alle Ernten des Sommers folgen werden.

Jetzt ist gut Kirschen essen! Aus dem ersten rosigen Hauch auf den Früchten ist ein saftiges Rot geworden. Wald, Hecken und Lichtungen laden jedermann zum Beerenpflücken ein, aus dem reifen Getreide leuchten roter Mohn und blaue Kornblumen. Das erste Heu wird eingefahren – getrocknet durch die Wärme und Kraft der Sonnenstrahlen und vom lauwarmen Wind durchlüftet, berauscht es unseren Geruchssinn. Wenn die Sonne ihren höchsten Stand erreicht, ist es Zeit, die ersten Heilkräuter zu ernten, denn sie haben jetzt besonders viel Lichtkraft in sich aufgenommen. In der dunklen Jahreszeit unterstützt uns ihre gespeicherte Sonnenenergie im wärmenden Tee, der uns Geborgenheit schenkt oder bei Schutzräucherungen in den Raunächten und zu allen Übergangszeiten.

Urprinzipiell ist hier der **Mond** zu Hause, er entspricht sowohl den Muttergottheiten als auch allen Naturgöttinnen, die an Seen und Gewässern leben. Der Mond steht für unser Innenleben, unsere Seele. Er ist die tiefe innere Quelle, aus der Bilder, Wünsche und Träume hervorsprudeln, er ist die urweiblichste Energie, in der sich das Mütterliche und typische Kindheitserfahrungen spiegeln.

Einerseits ist dieser Archetyp mütterlich, andererseits ein kleines Kind, das sich besonders in Zeiten von Schwäche und Hilflosigkeit zeigt. Sein Geschenk ist die mitmenschliche Verbundenheit, sei es in der Familie oder unter Freunden, die echte Geborgenheit gibt und wo wir uns zu Hause fühlen können. Heimatverbundenheit, Erinnerungen, Gefühlsgedächtnis und emotionales Sicherheitsbedürfnis gehören hierher.

Alle Kreisläufe und Zyklen werden dem Mond zugeordnet (wie z. B. der Menstruationszyklus). Wie machtvoll seine Anziehungskraft ist, zeigt uns der ewige Rhythmus von Ebbe und Flut, mit dem er die Meere auf Erden in Bewegung setzt.

Analog zu den Mondphasen steht das Prinzip des Keimens, Wachsens, Aufblühens, Welkens und Auflösens in der Natur und auch unsere menschlichen Launen. Das Wort „Laune“ kommt vom lateinischen „Luna“, was Mond bedeutet – so wie der Mond sich ständig verändert, ändert sich auch die Gemütsstimmung des Menschen. Die sanfte, aber ungeheuer starke Kraft des Wassers, die im steten Tropfen jeden Stein höhlt, gehört zum Mondprinzip, das natürlich im Wasserelement zu Hause ist.

Jetzt wandelt sich die Göttin von der Liebenden zur Mutter des Wassers in all seinen Formen – Regen, Tau, Quelle und Bach, Fluss und Meer, stiller See, Schweiß und Tränen. Das heilige Gefäß der Wassergöttin ist der Kelch – so wie der Gral der Mädchengöttin, der Becher der Liebenden und später der Kessel der alten Weisen symbolische Bilder für den Schoß der Göttin sind, aus dem alles Leben kommt.

Archetypisch ist hier die nährende Göttin zu Hause, die fürsorgliche **Muttergöttin**, die ihren Kindern Schutz und Geborgenheit schenkt. Die Sommergöttinnen sind die großen Muttergöttinnen der Fülle und des Überflusses, die Seele und Körper gleichermaßen nähren. Sie erscheinen als Flussgöttinnen, als Rheintöchter, sie leben im Salzwasser und in den heilenden Quellen und sorgen für wohltuende Erfrischung in der Sommerhitze. Sie schenken uns Intuition, Gefühle und Emotionen und das Leben, denn sie stehen auch für die Schwangerschaft. Zu Mittsommer befindet sich die Göttin des Wassers im Übergang, im Wandel von der Liebenden zur Mutter. Das uralte Wissen, dass der Archetypus Mond mit dem Wasser verbunden ist, dass die Göttin alles Leben aus dem Wasser schenkt, ist in zahlreichen Mythen und Legenden bewahrt.

Und auch ihre Ambivalenz, denn Muttergottheiten haben ebenfalls ihre Launen, die sich in Form von Naturkatastrophen oder Wetterkapriolen verheerend auswirken können. Quellen, Teiche und Seen galten immer schon als heilige Stätten, als Portale in die Anderswelt und zum Wohnort der Göttin, der Nymphen und Naiaden.

Allein, dass beinahe alle Flüsse weibliche Namen tragen, zeigt den uralten Glauben, dass Gewässer von einem weiblichen Naturgeist, einer Göttin beseelt sind. Schon die Kelten glaubten an eine beseelte Natur, in der auch Tiere und Pflanzen, Land und Wasser von Gottheiten beseelt waren. Sie verehrten Wasser und Quellen als göttliche Wesen, die den Pilgern ihre heilende Kraft schenkten. Bis heute gibt es weltweit unzählige Heilquellen, wo Trinkkuren und Bäder angeboten werden. Die Kelten verehrten **Sirona** als Quell allen Lebens, als Göttin der heilenden Wasser, die aus ihrem Schoß alles Leben gebar.

Die griechische Heilgöttin **Hygieia** ist ihr als Göttin der Gesundheit gleichgestellt, beide werden mit einer Schlange dargestellt. Sie gilt als Schutzpatronin der Apotheker, das Wort „Hygiene" – „der Gesundheit dienlich" – entstammt ihrem Namen. In der nordischen Mythologie entspricht **Frigg**, die auch als mütterliche Seite der Freya gesehen wird, dem Archetyp der Schutzgöttin des Lebens und der Mutterschaft. Im Gegensatz zur freizügigen Geliebten repräsentiert sie eine fürsorgliche, beschützende Göttin, die ihren Sohn Balder über alles liebt und in einem Sumpfschloss am Meer lebt. Wie die griechische Hera wird sie als Göttin der nährenden, authentischen Partnerschaften und als Schutzgöttin der Ehe verehrt.

Hera, bei den Römern **Juno**, ist bei den Griechen die würdevolle Göttin der Ehe und Schutzgöttin der gebärenden Frauen. Lange bevor Zeus die Bühne betrat, wurde sie in der Ägäis als kuhäugige Himmelskönigin verehrt. Auf Kreta, deren Hauptstadt Heraklion nach ihr benannt ist, verehrte man sie in Gestalt einer lebendigen Schlange. Später, als Gemahlin von Zeus, dem höchsten Gott auf dem Olymp, war sie die große Königin des Himmels. Heras Symbol war die Milchstraße, die aus der Milch ihrer Brüste entstand. Ursprünglich wurde sie feierlich verehrt als eine der großen, nährenden Muttergöttinnen und mächtige Schutzherrin der Ehe, deren wichtigstes Anliegen die Treue in einer lebenslangen

Partnerschaft war. Doch in der griechischen Mythologie wird ihr noch ein anderer gegensätzlicher Aspekt zugeschrieben. Zeus, als archetypischer Frauenheld, verletzte und entwürdigte Hera unzählige Male, sodass sie zur rachsüchtigen, eifersüchtigen und zerstörerischen Ehefrau degradiert wurde. Obwohl sie mehr als jede andere Göttin polarisiert, durch patriarchalische Interpretation verkannt und missgedeutet wurde, wurde sie in ihrem Kult hoch verehrt.

Die Schlange und ihre Göttin, als Hüterin der Quelle des Lebens, gilt im gesamten prähistorischen Europa als Symbol für Fruchtbarkeit und Wachstum. Sie steht für etwas Urtümliches, das aus den Tiefen des Wassers kommt und sich in regelmäßigen Zyklen erneuert. Wie alle Frauen durchlebt Hera all diese Zyklen und erneuert sich jährlich durch das Bad in einer heiligen Quelle.

Die magische Schwellenzeit rund um die Sommersonnenwende wird auch als „sommerliche Raunächte" bezeichnet – wie im Winter können wir sie für Reflexion, Heilung und Transformation nutzen. Allerdings ist jetzt die Zeitqualität, die diese Prozesse begleitet, von gleißendem Licht, üppig blühender Natur und Sonnenwärme geprägt.

Das Sommersolstitium am 21. Juni und Johanni am 24. Juni schenken ein Maximum an Lichtkraft. Was wir zu Lichtmess gesät haben, was im Frühlingsäquinoktium Kraft durch das Feuer bekam, um an Beltane im Mai zu erblühen, wird nun am Höhepunkt der hellen Zeit, am Fest der Wassergöttin, durch unsere Gefühle ins Leben gebracht.

Wasser ist Seelenelement, das Reich unserer Gefühle, Emotionen und der Intuition. Deshalb ist am Höchststand der Sonne vor dem Umschwung ein idealer Zeitpunkt, innezuhalten, zu reflektieren und mithilfe der Göttin Antworten darauf zu finden, was unserem seelischen Gedeihen förderlich sei und wohin unsere Energie fließen sollte.

Wenn wir in unsere Tiefe hinabtauchen, um die Fülle unserer Gefühle zu erkunden, kann uns die Wassergöttin wahre Schätze bescheren. Der weibliche Archetyp der Mutter mit seiner Qualität des Nährens, Behütens und Pflegens kann uns dabei unterstützen, unsere Samen in die Reife zu begleiten. Gleichgültig, ob wir ein Kind geboren haben oder nicht, tragen wir alle diese archaische Energie in uns. Auch „geistige" Kinder, Projekte, Visionen und Ziele, wollen liebevoll gehegt und gepflegt werden!

Folgende Fragen zur Selbstreflexion können hilfreich sein:

- Wie gut kümmere ich mich um die Erfüllung meiner inneren, vielleicht auch kindlichen Wünsche?
- Bin ich eine liebevoll nährende Mutter für mich selbst?
- Welche emotionalen Bedürfnisse sollten mehr Platz in meinem Leben erhalten und was braucht es, damit dies möglich ist?
- Wo, in meinen Beziehungen, darf ich mehr geben, wo mehr nehmen?
- Was brauche ich, damit ich mich seelisch und emotional gut fühle, geborgen und akzeptiert?
- Wie weit sind meine seelischen Samen gediehen? Blüht schon ein inneres Pflänzchen, trägt eines bereits Früchte? Was fehlt noch, damit ich in diesem Jahr ernten kann?
- Was in mir darf noch reifen, was darf ich mit liebevoller Geduld hegen?
- Kümmere ich mich fürsorglich und liebevoll wie eine Mutter um meine geistigen Kinder oder lasse ich sie verhungern?
- Wie gut bin ich mit der Weisheit meiner inneren Stimme verbunden? Wie vertrauensvoll folge ich meiner inneren Führung?

JOHANNISTAG, 24. JUNI

Johanni ist in den sommerlichen Raunächten ein besonderer Lostag, er kündigt den Beginn der Erntezeit an. Nun wird das Gras gemäht, nachdem die Gräser und Feldblumen ihre Samen ausgesät haben. Der Johannischnitt wird als Heu für den Winter in die Scheune gebracht. Spargel und Rhabarber sollten geerntet sein, der Spargel braucht jetzt Ruhe, um Kraft für die nächste Saison zu sammeln. An den Sträuchern hängen reife Johannisbeeren, in Österreich Ribiseln genannt, und die Johanniskäfer leuchten als gerngesehene Glühwürmchen in den lauen Nächten. Nicht zuletzt steht das heilsame Johanniskraut in seiner sonnengelben Blüte. Jetzt ruft auch der Kuckuck nicht mehr, er hat seine Frau gefunden.

Beifuß – Artemisia vulgaris

Dieser besonderen Pflanze sind wir bereits bei Imbolc begegnet, ist sie doch der Göttin **Artemis** geweiht. Als „Mutter aller Kräuter" und kraftvolles Schwellenkraut trägt sie natürlich die urweiblichste Kraft der Muttergottheit in sich und gilt als eine der ältesten Ritualpflanzen aller Kulturen. Auf der Seelenebene kann uns das Kraut der Artemis Kraft schenken, damit wir uns zur Wehr setzen und unser Terrain in unserer ganz einzigartigen Weise erobern. Die Kelten flochten zum Sommersolstitium Bänder aus Beifuß, die sie beim Tanz um das Feuer als Gürtel um die Hüften trugen. Nach dem Ritual warfen sie das Gürtlerkraut in die Flammen und mit ihm alle negativen Energien, die ihnen anhafteten. Damit sollten sie neue Kräfte, Gesundheit und Glück geschenkt bekommen und gut beschützt sein für die zweite Jahreshälfte. Heute lebt dieses Ritual vielerorts wieder auf. Wenn Du Lust dazu hast, kannst Du es zur Sonnenwende feiern, um Dich zu stärken und zu schützen.

RITUAL ZUR SOMMERSONNENWENDE

Jedes Ritual beginnt mit einer achtsamen Vorbereitung:

- Wähle einen Tag, rund um die Sonnenwende, der warm und trocken ist. Zuerst solltest Du für Dich, oder gemeinsam mit Familie und Freunden, einen geeigneten, sicheren Ort für ein Lagerfeuer auswählen oder eine Feuerschale aufstellen.
- Wenn Du beim Sonnwendfeuer auch duftende Räucherbündel verbrennen möchtest, dann schneid die Pflanzen mindestens zwei Wochen vorher und lass sie trocknen, damit sie nicht schimmeln. Idealerweise verwendest Du Beifuß, Johanniskraut und Königskerze, kannst aber auch Kräuter wie Salbei, Rosmarin oder Lavendel mit dazubinden.
- Verbind Dich beim Binden mit der Heilkraft der Kräuter, nimm ihren Duft wahr und flechte Deine Fragen oder Anliegen mit hinein. Mach Dir bewusst, worum es gerade geht – willst Du etwas loslassen oder braucht etwas Deine Energie? Wichtig ist, dass Du die Bündel möglichst fest bindest und danach an einem dunklen, luftigen Ort zum Trocknen aufhängst.
- Leg Brennholz in der Nähe der Feuerstelle bereit und mach Dich auf den Weg, um frisches Johanniskraut und lange Beifußstängel zu schneiden.
- Geh achtsam dabei vor und lass Dich von den passenden Pflanzen ansprechen, die für Dein persönliches Thema richtig sind. Das sonnengelbe Johanniskraut windest Du zu einem Kranz für Dein Haar, die Beifußstängel zu Deinem Sonnwendgürtel.
- Bei Einbruch der Dunkelheit wird das Feuer entzündet und das Ritual entsprechend aufgeladen – plane ausreichend Zeit ein, um es wirken zu lassen.

- Komm zuerst zur Ruhe und zentriere Dich, dann entzünd das Feuer und bitte es um seine Unterstützung.
- Du bzw. jeder Ritualteilnehmer nimmt nun ein Kräuterbündel und hält es kurz in die Flammen, sodass es an der Spitze zu brennen beginnt. Dann wird es wieder ausgeblasen, damit es langsam vor sich hin glosen kann und seinen Duft entfaltet.
- Wenn Du dann Deinen Johanniskrautkranz aufsetzt, verbind Dich mit dem Geistwesen der Pflanze mit der Bitte, Deine Anliegen zu unterstützen.
- Die Räucherbündel können nun neben der Feuerstelle ausglimmen. Wenn das Feuer keine hohen Flammen mehr schlägt, legst Du Dein Band aus Beifuß um Deine Hüften und lässt den heilenden Geist der Pflanze wirken.
- Wenn Du möchtest, kannst Du, wenn der richtige Moment gekommen ist, den rituellen Sprung über das Sonnwendfeuer wagen. Nimm ruhig Anlauf dabei, lass Dich von jeglichen Hindernissen befreien und nimm dabei den Zauber wahr, der noch immer in diesem uralten Ritual steckt. Solltest Du Bedenken haben, dann tanz einfach rund um das Sonnwendfeuer.
- Danach übergibst Du zum Abschluss des Rituals den Beifußgürtel den Flammen, bedank Dich und bleib noch am Lagerfeuer sitzen.
- Genieß die besondere Stimmung des längsten Abends des Jahres mit Dir alleine oder im Kreis Deiner Freunde. Verlass die Feuerstelle erst, wenn das Feuer ausgegangen und keine Glut mehr vorhanden ist und streu danach zur Sicherheit noch Erde darüber.
- Nimm den Haarkranz mit nach Hause, erfreu Dich an seinem süßen Duft! Wenn er getrocknet ist, kannst Du in trüben Zeiten die ein oder andere Blüte davon verräuchern und damit die Sonne in Dein Gemüt einladen.

Dieser Sprung ist der Beginn der zweiten Jahreshälfte, denn am 24. Juni zu Johanni steigt die Sonne langsam wieder ab und die Tage werden kürzer, bis zum Wintersolstitium in genau sechs Monaten und dem Weihnachtsfest am 24. Dezember.

Beachte, dass bei einem offenen Feuer in der Natur die Sicherheit oberstes Gebot ist! Verwende im Zweifel eine Feuerschale oder verzichte auf das Ritual.

SONNENWASSER

- Nimm mit den gelben Blüten des beginnenden Sommers Kontakt auf. Informier Dich näher über ihre Heilkraft und Blütenessenzen.
- Richte Dir regelmäßig Blütenwasser her, das Du über Tage hinweg schluckweise trinkst.
- Pflück dafür gelbe Blüten, die Du kennst und die nicht giftig sind, z. B. Löwenzahn, Ringelblume, Frauenmantel oder Johanniskraut und gib sie in eine Karaffe mit Quellwasser.
- Stell diese für mindestens drei Stunden in die Sonne. Wenn Du dann das Blütenwasser schluckweise trinkst, stell Dir vor, wie Dein ganzer Körper, jede Zelle, von sonnengelbem Licht erfüllt wird und wie es bis in Deine Aura hineinleuchtet. Bade in der Vorstellung in Deinem Charisma, genieß die Magie, die von innen her aus Deinen Augen strahlt und lass Dein wahres Wesen zur Blüte gelangen.

DIE FARBE GELB – STRAHLEND UND AKTIVIEREND

> *Es ist die nächste Farbe am Licht. Sie führt in ihrer höchsten Reinheit immer die Natur des Hellen mit sich und besitzt eine heitere, muntere, sanft reizende Eigenschaft.*
> JOHANN WOLFGANG VON GOETHE
> in seiner Farbenlehre

Ein fröhliches Gelb gilt weltweit als Glückssymbol, was auf die Strahlungsenergie des Sonnenlichts zurückzuführen ist, die uns Tag für Tag mit Optimismus und Lebensfreude beschenkt. Besonders im Frühling und Sommer vermittelt sie uns heitere Unbeschwertheit und Leichtigkeit. In der Natur locken die ersten Frühlingsblüten mit gelbem Blütenstaub, Schlüsselblume, Huflattich und Löwenzahn leuchten in den Wiesen und gelbes Johanniskraut erhellt unser Gemüt. Deshalb finden wir Sonnengelb als archetypische Farbe auch bei den Smileys, Minions und Simpsons und natürlich bei Biene Maja – sie alle zaubern uns ein Lächeln ins Gesicht.

WASSER – SPRUDELNDE LEBENSKRAFT

Wasser ist das weiblichste Element, das Seelenelement, die Urkraft, die alles durchströmt. Der Sommer lädt uns herzlich dazu ein, mit all unseren Sinnen seine wohltuende, regenerierende Energie zu genießen – ein Bach, der sich durch den Wiesengrund schlängelt, sanft über runde Steine dahinplätschert, ein klarer Fluss in der Mittagshitze, der den blauen Himmel spiegelt, ein funkelnder See im Sonnenlicht, auf dem sich Segelboote tummeln, Meereswellen, die im ewigen Lauf der Gezeiten mit ihren salzigen Zungen am Strand lecken. All das zieht uns magisch an, weckt eine Ursehnsucht in uns, denn unsere erste Heimat ist das Wasser der Fruchtblase. Hier bildet sich schon in den ersten Wochen und Monaten der Schwangerschaft das Urvertrauen, auf das später unser Selbstvertrauen aufbaut.

Tatsächlich hat unser Fruchtwasser und jede unserer Zellen die gleiche Zusammensetzung wie das Wasser des Urmeeres, aus dem alles Leben kam.

Wasser ist unser Lebensquell und beinahe so wichtig wie die Luft zum Atmen. Im täglichen Leben stehen wir Menschen von Luft umgeben mit beiden Beinen auf der Erde. Verlassen wir diese Ebene und begeben uns ins Wasser, verändert sich einiges, denn es hat eine überaus heilende, harmonisierende und vitalisierende Wirkung. Deshalb ist für traditionelle Heilweisen Wasser die Grundlage der Gesundheit – das Element, das uns Menschen mit der Erde und dem Himmel verbindet.

> *Wasser fließt von den Bergen und aus den Tiefen der Erde.*
> *Wasser kommt als ein Wunder zu uns und schenkt alles Leben.*
> THICH NHAT HANH

Nutz jede Gelegenheit, um ins erfrischende Nass einzutauchen. Spür die angenehme Kühle auf der Haut. Plansch nach Herzenslust herum, wie Du es als Kind getan hast. Fühl Dich wie ein Fisch im Wasser, geschmeidig und frei. Leg Dich entspannt auf die Wasseroberfläche und lass Dich von den Strömungen treiben, lass Dich sanft wiegen und genieß, wie leicht Dein Körper dabei wird. Das Wasser bestimmt die Richtung, es trägt Dich, ist zuverlässig und weich und Du vertraust Dich ihm an. Ein schönes Ritual, um mit der Göttin **Sirona** in Kontakt zu kommen, ist ein nächtliches Bad in einer Quelle. Tauch einfach mal ganz unter und spür dabei die tiefe Verbindung mit dem Element, in dem alles begann. Bring der Wassergöttin ein paar Blumen als Geschenk und lass sie mit Deinen Wünschen und Gebeten dahintreiben.

Du kannst die reinigende Wirkung des Wassers auch gut im übertragenen Sinne nutzen, unabhängig von Ort und Zeit. Nimm Dir ausreichend Zeit dazu und zieh Dich an einen ruhigen Platz zurück. Die folgende Meditation möge Dir Inspiration für deine inneren Bilder sein.

MEDITATION – MEINE INNERE QUELLE

Jede Form der Meditation ist ein Weg, klar zu werden wie ruhiges Wasser, den Körper zu entspannen und die Seele heimkehren zu lassen. Geführte Meditationen, die uns in die innere Bilderwelt begleiten, können uns dabei helfen, ein bestimmtes Thema zu bearbeiten und tun besonders gut.

- Stell Dich aufrecht und schulterbreit hin, die Füße parallel, die Fußsohlen in gutem Kontakt zum Boden, die Knie sind leicht gebeugt.
- Schließ nun Deine Augen, komm bei Dir an und lass den Atem entspannt in den Bauch fließen.
- Die Wirbelsäule ist aufrecht und zugleich beweglich wie eine Wasserpflanze, die, von der Strömung sanft bewegt, mehr schwebt als steht.
- Dann stell Dir vor, dass Dein Atem tiefer geht, durch Deine Beine hinab zu den Fußsohlen, bis in den Erdboden und immer tiefer, bis er auf eine unterirdische Quelle stößt.
- Dein tiefes Einatmen verbindet sich nun mit dem kristallklaren Quellwasser und die Quelle beginnt heraufzusprudeln.
- Während Du ganz entspannt weiteratmest, strömt das reinigende Wasser wie ein innerer Springbrunnen zu Dir herein, durchspült jede einzelne Zelle Deines Körpers und nimmt alles mit, was Du nicht mehr brauchst. Mithilfe der **Wassergöttin** kannst Du nun entscheiden, wohin Du Deine Energie in Zukunft fließen lassen möchtest.
- Du öffnest Dich immer mehr für diese kristallklare Kraft und lässt vor Deinem inneren Augen Bilder auftauchen und Gedanken, die Du loslassen möchtest, Gefühle, die Du transformieren möchtest – alles darf sich jetzt dieser tiefen Reinigung hingeben. Genieß die regenerierende Kraft Deiner inneren Quelle solange es Dir guttut.
- Dann lass das Wasser allmählich wieder in die Erde zurückkehren, nimm Deinen Atem bewusst wahr und die klare Essenz Deines Wesens. Atme tief ein und aus, bedank Dich für die wohltuende Erfahrung, mach ein paar sanfte Bewegungen und öffne erst dann wieder Deine Augen.

RITUAL VOLLMONDWASSER

Dass Wasser Informationen aufnimmt und ein „Gedächtnis" hat, wird in der Homöopathie seit Jahrhunderten genützt und feinfühlige Menschen spürten es immer schon. Masaru Emoto hat mit seinen großartigen Wasserkristallfotografien gezeigt, dass Wasser auf Gedanken und Emotionen reagiert. Da unser Körper zu über 70 % aus Wasser besteht, sollten wir deshalb uns selbst und anderen achtsam und liebevoll begegnen. Wasser kann natürlich auch mit der Energie des Mondes aufgeladen werden.

Mondwasser gibt es in Flaschen zu kaufen, allerdings kannst Du es ganz einfach in einem kleinen Ritual selbst herstellen:

- Dazu brauchst Du eine Karaffe oder Schale, frisches Wasser – am besten Quellwasser – und eine klare Vollmondnacht.
- Stell das Gefäß in der Vollmondnacht nach draußen, z. B. auf die Fensterbank oder auf Deine Terrasse. Sorg dafür, dass sich das Mondlicht darin spiegelt und lass es bis zum nächsten Morgen dort stehen.
- Danke der **Wassergöttin** für das kostbare Geschenk des Süßwassers als Lebenselixier und bitte um die heilsamen Energien des Mondes. Wenn Du möchtest, schick Dankbarkeit und Liebe in Dein Wasser, um es zusätzlich in liebevolle Resonanz zu bringen.
- Trink das Mondwasser über den Tag verteilt, um Dich mit seiner Energie aufzuladen, Du wirst den Unterschied zu „normalem" Wasser schmecken. Du kannst es auch äußerlich als Gesichtswasser verwenden, als Badezusatz oder Haarspülung. Back Brot damit, gieß Deine Pflanzen oder gib es Deinem Haustier zu trinken und lass dieses Ritual zu einem Teil Deines Lebens werden. Der nächste Vollmond kommt bestimmt!

PFLANZEN DER GÖTTIN

Johanniskraut – Hypericum perforatum

Das Johanniskraut, unsere stärkste Sonnenpflanze, steht zur Sommersonnenwende bzw. am Johannistag in vollster Blüte, voll der warmen, strahlenden Kraft des Sonnenlichts. Seinen Namen bekam es von Johannes dem Täufer, dessen Geburtstag am 24. Juni gefeiert wird. Der Legende nach symbolisiert der rote Pflanzensaft das Blut des enthaupteten Heiligen.

Schon seit uralten Zeiten wussten die Menschen um die besonderen Kräfte dieser Pflanze und zählten sie zu den heilenden Kräutern, die durch die Kraft der Sonne das Dunkle bannen können. Dazu gehörten auch Arnika, Ringelblume, Beifuß und Farnkraut als magische Pflanzen des Sommersolstitiums. Zum Fest der Hochzeit von Sonne und Erde wurden Feuer entzündet, um die getanzt wurde, wobei die Tanzenden als Kinder des Lichts Kränze aus Johanniskrautblüten im Haar trugen. Dieses uralte Mittsommerfest wurde ähnlich ausgelassen gefeiert wie an Beltane. Bis heute hält sich der Brauch der Sonnwendfeuer, die in den Alpen auf den Gipfeln und Berghängen entzündet werden und weithin zu sehen sind.

Hildegard von Bingen bezeichnete Johanniskraut als „Arnika der Nerven“ und Paracelsus beschrieb sein Lieblingskraut vor mehr als 450 Jahren als ein Universalheilmittel, das den Menschen von Gott geschenkt war. Damals schon verwendete er es gegen Melancholie und innere Dunkelheit, die Depression – heute ist die antidepressive Wirkung klinisch bewiesen. Von jeher wusste man, dass das Johanniskraut eine mächtige Schutzpflanze und ein wichtiges Wendekraut ist, das Heilung bringen kann und Wendepunkte im Leben unterstützt.

Geerntet wird das Kraut zur vollsten Blüte, idealerweise zwischen dem 21. und 24. Juni bei Sonnenaufgang. Nachdem die ganze Pflanze verwendet werden kann, schneidet man sie am besten über der Erde ab und bindet die Stängel zu lockeren Sträußen, die kopfüber an einem luftigen Ort zum Trocknen aufgehängt werden. Für den Tee schneidet man die ganze getrocknete Pflanze klein, für Johanniskrautöl werden die Blüten verwendet. Dafür legt man die frischen Blüten in ein sauberes Glas und füllt mit nativem Olivenöl auf, bis alle Blüten ganz bedeckt sind. Dann stellt man das Glas für ca. vier Wochen an einen warmen, sonnigen Ort und schüttelt es regelmäßig bis sich das Öl dunkelrot verfärbt hat. Das fertige Öl gießt man durch einen Filter in kleine, beschriftete Braunfläschchen ab, die man kühl und dunkel lagert. Die Sonnenenergie des Heilkrauts wirkt über die Seele als Stimmungsaufheller besonders in der dunklen Jahreszeit und bei trüben Gedanken. Äußerlich verwendet man es zur Behandlung von Wunden und Narben, bei Sonnenbrand und bei Kopf- und Muskelschmerzen.

Kamille – Matricaria chamomilla

Der botanische Name „Matricaria“, abgeleitet vom lateinischen „mater“, bedeutet Mutter und „matrix“, die Gebärmutter, was uns auf das wichtigste Anwendungsgebiet der Kamille verweist. Das „Kraut der Mutter“ wurde schon in Urzeiten als Frauenmittel und Kraut der Säuglinge und Kinder geschätzt und gilt als „Meisterin des Vertrauens“.

Es wirkt desinfizierend, beruhigend und entzündungshemmend, lindert Bauchbeschwerden und Krämpfe, heilt Wunden und stillt Schmerzen. Der Schriftsteller Karl-Heinrich Waggerl, der in meinem Heimatland Salzburg lebte, schreibt in seinem „heiteren Herbarium“:

Die Kraft, das Weh im Leib zu stillen,
verlieh der Schöpfer den Kamillen.
Sie blühn und warten unverzagt
auf jemand, den das Bauchweh plagt.

Dieses Heilkraut begleitet die Menschheit schon seit Jahrtausenden, seine Samen überleben bis zu 100 Jahre in der Erde. Vermutlich gibt es in jedem Haushalt ein Päckchen Kamillentee oder eine Tinktur, allein der Duft von Kamillenblüten ist uns von Kindheit an vertraut. Es ist der süße Duft des Sommers, der heilend und wärmend wirkt und entsprechende Bilder und Erinnerungen in uns weckt. Tatsächlich schenkt die Kamille eine sanfte Wärme, die nach innen gerichtet ist und unsere Mitte stärkt. Sie öffnet uns den Weg zu einem guten Bauchgefühl, das entspannt und Vertrauen schenkt. Früher wuchs sie in naturbelassenen Getreidefeldern gemeinsam mit blauen Kornblumen und rotem Klatschmohn.

Der Einsatz von Herbiziden verdrängte die Kamille an Wegränder, Ödland und Schuttplätze. Im Volksglauben sollten die Kamillenblüten, die wie kleine Sonnen aussehen, vor Johanni am 24. Juni geerntet werden und nur bei strahlendem Sonnenschein, damit sie in ihrer vollen Kraft stehen. Die zarten Blüten sollten sehr sorgfältig an einem schattigen Platz getrocknet werden. Anschließend bewahrt man sie am besten in einem dunklen Schraubglas auf. Für den Tee werden 2 TL Kamillenblüten mit ¼ Liter heißem

Wasser überbrüht und zugedeckt für 10 Minuten ziehen gelassen. Damit die heilkräftigen ätherischen Öle erhalten bleiben, darf das Wasser nicht kochen! Nicht mehr als 2–3 Tassen täglich davon trinken und vor allem bei Kindern nicht als tägliches Getränk verwenden. Generell sollte man Kräutertees nie länger als drei Wochen hintereinander trinken – die Dosis macht das Gift!
In der Frauenheilkunde wird Kamille wegen ihrer antibiotischen Eigenschaften zur äußerlichen Behandlung von Vaginalinfektionen und akuten Entzündungen verwendet. Ihre krampflösende Wirkung hilft auch bei Menstruationsbeschwerden und zyklusbedingten Rückenschmerzen. Es gibt unendlich viele Verwendungsmöglichkeiten von Kamille, als Tinktur, Sirup oder Öl, als Umschlag, Kompresse, Sitzbad, Haarspülung oder in homöopathischer Form als Allheilmittel für Mensch und Tier.

Mönchspfeffer – Vitex agnus-castus

In der griechischen Mythologie steht diese Pflanze unter der Schutzherrschaft der Göttin **Hera**, weil diese unter einem Mönchspfefferstrauch geboren wurde. Mönchspfeffer, auch „Keuschlamm" genannt, wurde wegen seiner triebsenkenden Wirkung im antiken Griechenland und im Mittelalter in Klöstern eingesetzt, um die „Liebeslust" einzudämmen. Die alten Griechen und auch die Türken verwendeten ihn rituell zur Abwehr von Gefahren und zum Schutz von Haus und Hof.
Frauen steckten seine Blüten ins Haar, um einerseits keusch zu bleiben, andererseits ihre Fruchtbarkeit zu steigern. In unseren Breiten gedeiht dieser dekorative Strauch nur im Topf und muss überwintert werden, in südlichen Gefilden fühlt er sich in der Nähe von Gewässern, an Flussläufen, Bachbetten und am Meer besonders wohl. Als Lieferant von Phytohormonen hat sich der Mönchspfeffer in den letzten Jahren zu einem beliebten Frauenkraut entwickelt, das bei PMS und Wechseljahrsbeschwerden gute Erfolge zeigt. Er unterstützt bei Zyklusstörungen, depressiven Verstimmungen und kann bei Kinderwunsch die Fruchtbarkeit erhöhen. Verwendet werden die Samen, die getrocknet und anschließend vermörsert bzw. pulverisiert werden. Man kann das pfefferartig schmeckende Pulver über gekochtes Gemüse streuen oder als homöopathisches Heilmittel einnehmen.

DIE KRAFT DER SPIRALE

Rituale sind feierliche Handlungen mit hohem Symbolgehalt, die uns dabei unterstützen können, Struktur zu finden und Sicherheit in unseren Alltag zu bringen. Dabei geht es nicht darum, etwas akribisch nachzuvollziehen, was irgendwo geschrieben steht, es gibt kein Muss, kein Richtig oder Falsch. Alles sind nur Anregungen, Inspirationen, aus denen das Eigene entstehen darf. Das einzig Wichtige ist, dass es für Dich stimmig ist!

Die **Spirale** zählt, wie das Labyrinth, zu den ältesten und kraftvollsten Symbolen der Menschheit, in deren Mitte sich der heilige Punkt der Wende befindet, an dem die Umkehr stattfindet, die Richtung geändert wird. Hier darf tatsächlich ein Wandel geschehen, hier können wir rituell immer wieder neu „geboren" werden. Die Sonnenwenden sind zweimal im Jahr in der Zeitqualität, in der wir Altes hinter uns lassen und gleichzeitig Neues visualisieren dürfen.

- Such Dir einen schönen Ort in der Natur und leg aus Blüten eine Spirale, in die Du später gegen den Uhrzeigersinn hineingehen kannst.
- Verwende dazu vor allem gelbe Johanniskrautblüten. Du kannst auch Gräser, Schneckenhäuser und Steine dazulegen, ganz wie es Dir gefällt.
- Wie immer beginnt das Ritual schon beim Legen der Spirale. Bitte den Geist der Pflanze, Dich dabei zu unterstützen. Stell zuletzt eine Schale mit Wasser und eine Kerze ins Zentrum der Spirale.
- Wenn Du fertig bist, steck Zünder ein und bereite Dich innerlich auf Dein Ritual vor. Stell Dich an die Öffnung Deiner Spirale, schließ für einen Augenblick die Augen und nimm Deinen heiligen Raum ein.

- Formulier Dein Thema, das Du wenden und damit wandeln möchtest. Ruf all Deine Spirits aus der geistigen Welt an und bitte sie um Unterstützung, vor allem aber bitte den Geist des Johanniskrauts um Hilfe bei der gewünschten Wende.
- Wenn Du bereit bist, öffne die Augen und tritt ganz bewusst und achtsam in die Spirale ein. Sei Dir gewahr, dass sich beim langsamen Hineingehen Dein Thema lösen darf und nimm Dir Zeit. Lass alle Gedanken los und vertrau darauf, dass sich mit jedem Deiner Schritte etwas lösen und der Erde übergeben werden kann.
- In der Mitte angekommen, schließ wieder Deine Augen, atme dreimal tief ein und aus und horch tief in Dein Inneres, ob es noch etwas zu lösen gilt. Danach frag Deine Spirits, ob sie noch eine Botschaft für Dich haben und öffne Dich für Zeichen und innere Bilder.
- Wenn Du spürst, dass Du bereit bist, tatsächlich loszulassen und umzukehren, schöpf mit Deinen Händen Wasser aus der Schale und wasch rituell Dein Gesicht.
- Wenn die Zeit gekommen ist umzukehren, bitte darum, Dein eigenes Licht erkennen zu dürfen und entzünde symbolisch die Kerze in dem Bewusstsein, dass Du damit Dein inneres Licht neu entzündest. Genieß diesen heiligen Augenblick und dreh Dich dann bewusst um.
- Geh die Wende in dem Wissen, dass Du damit Dein Thema endgültig hinter Dir lassen wirst, um in das Neue hineinzugehen.
- Die Kerze weist Dir symbolisch den Weg in eine neue Freiheit. Lass jetzt Bilder und Visionen entstehen, Träume vielleicht, die noch unklar am Horizont erscheinen. Nichts muss jetzt klar definiert werden, alles ist erlaubt.
- Am Ausgang angekommen, dreh Dich noch einmal um, verneig Dich vor der Schöpfung und bedank Dich bei allen Helfern aus der geistigen Welt und bei Dir selbst. Verschließ die Spirale mit Kräutern oder Steinen und beende damit das Ritual. Zu Hause kannst Du die Kerze immer dann entzünden, wenn Du Dein inneres Licht stärken möchtest, spätestens aber beim Ritual zur Wintersonnenwende am 21. Dezember.

HEILSTEINE FÜR DIE MUTTERGÖTTIN

In der Antike galt der **Mondstein** als magischer Kraft- und Heilstein und wurde auch als Schutzstein verehrt. In arabischen Ländern und in Indien gilt er heute noch als segenspendender Frauen- und Familienstein, der Kindersegen und hingebungsvolle Liebesfähigkeit schenken soll. Deshalb wird er häufig in Kleider eingenäht oder als Schmuckstein getragen.

Da er mit dem Mond und seiner zyklischen Natur verbunden ist, gilt er als Symbol des Weiblichen, der Intuition und Gefühlswelt. Der Mondstein ist in beinahe allen Lebensphasen ein idealer Begleiter der Frauen, weil er den Hormonhaushalt harmonisiert, vor seelischen Schwankungen während Menstruation und Wechseljahren schützt und auf das gesamte Drüsensystem einwirkt. Er sorgt für Lebenslust und Fruchtbarkeit, regt den Stoffwechsel an, unterstützt im Wochenbett die Milchbildung und fördert eine enge Beziehung zur Familie. Darüber hinaus soll er für begehrenswerte Weiblichkeit sorgen. Auf der Seelenebene vermögen die sanften, aber kräftigen Schwingungen des Heilsteins in unsere Gefühlswelt vorzudringen, unsere Sensibilität und Intuition zu fördern und Blockaden abzubauen. Der Mondstein wirft ein Licht in unsere Innenwelt, das uns dabei hilft, unsere Gefühle anzuerkennen und auf allen Ebenen offener und lebensbejahender mit ihnen umzugehen.

Bei den Griechen und Römern sorgte das Tragen von **Perlen** für partnerschaftlichen Zusammenhalt und eheliche Harmonie. Das starke Liebesband zwischen Psyche und dem Liebesgott Amor wurde deshalb als Perlenkette dargestellt.

Das Geschenk einer Muschel galt als Symbol für Fruchtbarkeit, weibliche Schönheit, Verführung und Eleganz. Perlen finden sich in den Mythen fast aller Kulturen als Geschenk der Götter, das eine magische, geheimnisvolle Faszination auf die Menschen ausübte.

In der Hindukultur assoziierte man Perlen mit dem **Mond**, als Symbol der Liebe, im Christentum standen sie für Reinheit, bei den Persern für die Tränen der Götter. Da Perlen in ihrer Form von Natur aus schön und vollkommen sind, zählen sie naturgemäß zu den ältesten Schmuckstücken des Menschen. Seit der Antike sind Perlen neben Gold und Edelsteinen sehr begehrt, um Wohlstand zu repräsentieren. Von jeher sind sie unverzichtbare Statussymbole in den Schatzkammern von Königshäusern und in den Insignien hoher kirchlicher Würdenträger. Obwohl Perlen nicht zu den Edelsteinen zählen, kommt ihnen im archetypischen Sinn eine wichtige Rolle zu.

Eine Perle entsteht auf natürliche Weise, indem sich die Muschel vor einem Fremdkörper, der in ihr Inneres eingedrungen ist, schützt. Schicht für Schicht legt sie einen Schutzmantel aus Perlmutt um diesen „Eindringling“ und so wächst über Jahre eine Perle heran. Symbolisch steht die schimmernde Perle dafür, unser emotionales Gleichgewicht zu finden, unverarbeitete Themen zu verinnerlichen und zu lösen. Sie kann unsere Intuition und Sensibilität stärken und uns eine reiche innere Bilderwelt eröffnen. Perlen werden auch mit Tränen assoziiert, die uns dabei helfen, den Schmerz über Verlorenes zu wandeln und loslassen zu können, damit der Fluss unseres Lebens ungehindert weiterfließen kann.

„Die grüne Göttin aller Steine“, der **Smaragd,** abgeleitet vom griechischen „Smaragdos“, bezeichnet diesen begehrten Edelstein, der bei Griechen und Römern so hochgeschätzt war wie ein Diamant. Mit seiner wundervollen grünen Farbe symbolisierte dieser wertvolle Stein die Natur, die Pflanzen und Blätter, er galt als Stein der beständigen Liebe, der für Treue in Partnerschaft und Freundschaft sorgte. Kleopatra schmückte sich mit Vorliebe mit den wundervollen grünen Steinen, sie erhoffte damit unendliche Schönheit und ewige Jugend zu erlangen.

Königshäuser und Adelsfamilien waren und sind im Besitz von kostbaren Exemplaren, die sogar Geschichte schrieben. Smaragde wurden nicht nur als Schmucksteine, sondern auch als kräftige Heilsteine schon seit Tausenden von Jahren in beinahe allen Kulturen geehrt, deshalb sind die Überlieferungen der Heilwirkungen unglaublich umfangreich. Selbst Hildegard von Bingen verwendete den Smaragd gegen alle Gebrechen des Menschen. Auf der Seelenebene verhilft der grüne Stein zu Harmonie, mehr Ausgeglichenheit und Lebensfreude. Er verfügt über stark versöhnende Kräfte, die soziale Spannungen lindern, von Vorurteilen befreien und das Herz für Freundschaft und Liebe öffnen können. In der Antike symbolisierte er geistiges Wachstum und göttliche Eingebung.

Der grüne Edelstein kann uns auf vielen verschiedenen Ebenen unterstützen zu empfangen. Ähnlich einer Schwangerschaft können wir in uns Neues heranwachsen spüren – das können Eingebungen sein, Impulse und Gedankenblitze, die wir nähren. Das kann auch Liebe sein, die die Sehnsucht in uns weckt, ein Kind zu empfangen.

BARFUSSGEHEN

Wir sollten im Frühling früher anfangen, barfuß zu gehen und im Herbst später damit aufhören, denn es gibt keinen direkteren Weg, die Wirklichkeit wahrzunehmen.

Die Schuhe auszuziehen, bringt uns in direkten Kontakt mit der Natur und mit uns selbst. Barfußgehen lässt uns leicht und unbeschwert sein wie die Kinder und zugleich achtsam und bewusst die heilende Kraft von Mutter Erde spüren. Durch das Gehen ohne Schuhe erfahren unsere Sinne bestimmte Eindrücke: Welche Beschaffenheit hat der Boden? Ist er kühl oder von der Sonne aufgeheizt? Ist der Untergrund hart und rau oder weich und glatt? Auf großen Steinen beanspruchen wir unsere Füße anders als auf Kies, Sand oder Gras. Bewusstes Gehen auf unterschiedlichen Böden schult den Tastsinn unserer Füße. Es fühlt sich so unterschiedlich an, ob wir auf warmem Sand gehen oder durch feuchtes Gras, auf hartem Fels oder weichem Moos, auf Waldboden oder durch einen Bach, auf spitzen Kieselsteinen oder durch schlammiges Moor, und es tut so unendlich gut. Jeder Schritt

BARFUSSWEG – MIT DEINEN SOHLEN FÜHLEN

- Geh in einen Wald, der Dir vertraut ist und richte Dir einen Barfußpfad her.
- Dafür kannst Du alles verwenden, was der Wald zu bieten hat. Am besten sammelst Du Dinge mit möglichst unterschiedlichen Oberflächen – große und kleine Steine, verschiedene Äste und Zweige, Baumrindenstücke, Blätter, Moos und Zapfen. Achte darauf, dass keine Dornen an den Pflanzen sind, zu spitze Steine sind auch ungeeignet.
- Dann kannst Du Deinen Weg mit Ästen in verschiedene Abschnitte unterteilen, die Du jeweils mit einer Sorte Material füllst. Sorge dafür, dass die aufeinanderfolgenden Bereiche möglichst unterschiedlich sind. Z. B. Zapfen, gefolgt von Moos und dann ein Segment mit Kieselsteinen. Wenn das Gelände es erlaubt, kannst Du auch die Umgebung mit einbauen, dann führt Dein Barfußweg vielleicht durch ein Bächlein oder eine Pfütze.
- Zieh Deine Schuhe aus, stimm Dich ein und beginn ganz langsam und achtsam Deinen Weg zu gehen. Bleib immer wieder stehen, spür in Deine Fußsohlen und erlebe ein kleines Wunder. Es ist ein ganz besonderes Fühlerlebnis, wenn wir mit den Füßen den Weg „sehen".
- Wie wohltuend, wie entschleunigend fühlt es sich für Dich an?
- Wenn Ihr zu zweit seid, kann eine die Augen schließen und die andere führt, das gibt Sicherheit und ist nebenbei eine Vertrauensübung.

auf bloßen Sohlen löst eine wahre Flut von Sinneseindrücken aus, denn unsere Fußsohlen haben Tausende Nervenbahnen, die direkt mit unserem Gehirn verbunden sind und dort Glückshormone ausschütten.

> *Die Seele wird vom Pflastertreten krumm.*
> ERICH KÄSTNER

Jetzt ist eine ideale Zeit, um so oft wie möglich ohne Schuhe zu gehen. Lass es zu einem Ritual werden, frühmorgens durch die taunasse Wiese zu gehen und Deine Füße mit der feuchten Kühle zu beschenken. Danach wirst Du Dich wach und lebendig fühlen und erfrischt in den neuen Tag gehen.
Barfußlaufen ist nicht nur eine Wohltat für die Seele, es unterstützt auch den Bewegungsapparat und stärkt gleichzeitig die natürliche Immunabwehr. Der direkte Kontakt mit dem Erdboden kräftigt, beruhigt und versorgt uns mit heilender Energie. Deshalb werden Übungen zur Stärkung des Körpers und Beruhigung des Geistes, wie das chinesische Tai Chi und Qi Gong, meist ohne Schuhe praktiziert. Dabei liegt das Augenmerk darauf, sich tief in Mutter Erde zu verwurzeln, um den Austausch der Fußsohlen mit dem Erdboden zu eröffnen.
Satt mit beiden Füßen auf der Erde zu stehen und barfuß zu gehen, heißt wieder in Kontakt mit sich selbst zu kommen, um mittig zu sein. Achtsam mit seinen Füßen umzugehen, kann der erste Schritt sein, achtsamer mit der Erde umzugehen. Unsere Erde schwingt im Rhythmus mit dem großen Kosmos – im Kleinsten auf der Erde können wir das Höchste im Himmel erkennen. Wenn wir uns eingebunden fühlen als Teil des großen Ganzen, können wir aufhören zu glauben, die Welt drehe sich um uns selbst. Das bringt uns auf den Boden der Realität, lässt uns achtsamer und bescheidener werden und Dankbarkeit leben.

ERFRISCHENDE GAZPACHO (VEGAN)

Zutaten für 2 Personen:

- ½ Salatgurke (ca. 200 g)
- 300 g reife Bio-Tomaten
- 1 kleiner gelber oder roter Paprika
- 1 Knoblauchzehe
- 2 EL natives Olivenöl
- 1 EL Balsamicoessig
- 150 ml Bio-Gemüsebrühe
- Salz, Pfeffer aus der Mühle
- etwas Bio-Zitronensaft
- frisches Basilikum

außerdem:

- 2 Scheiben Weißbrot
- 1–2 El Olivenöl

Zubereitung:

- Gurke schälen, längs halbieren und entkernen.
- Tomaten überbrühen, häuten, halbieren und entkernen.
- Paprika der Länge nach halbieren und die Trennwände und Stielansätze entfernen.
- Von jeder Gemüsesorte jeweils ein Stück kleinwürfeln und die Würfel beiseitelegen.
- Das restliche Gemüse mit der geschälten Knoblauchzehe im Mixer feinpürieren.
- Olivenöl sowie den Essig und die Gemüsebrühe dazugeben und alles kräftig durchmixen. Die Suppe mit Salz, Pfeffer und etwas Zitrone abschmecken und kaltstellen.
- Weißbrot kleinwürfeln und in Olivenöl in einer Pfanne goldbraun rösten.
- Die Gemüsewürfel in Suppenschalen verteilen, Gazpacho darübergießen und mit zerpflückten Basilikumblättern eiskalt servieren.
- Brotwürfel bereitstellen und die Suppe nach Belieben damit bestreuen.

Mein Tipp: Wer mehr Schärfe will, kann mit etwas rotem Chili würzen.

HOCHSOMMER

DIE FÜLLE GENIESSEN

Und wenn Ihr Euch das Staunen erhalten könntet
über die täglichen Wunder Eures Lebens,
so wäre Euer Schmerz nicht weniger erstaunlich als Eure Freude.
Denn dann würdet Ihr die vier Jahreszeiten Eures Herzens so annehmen,
wie Ihr die Jahreszeiten annehmt, die über Eure Felder ziehen.

KHALIL GIBRAN

Lammas am 2. August & Mariä Himmelfahrt am 15. August

Nun ist Hochsommer, die heißeste Zeit des Jahres, in der Pflanzen, Tiere und Menschen „mit Feuer aufgeladen" sind. Die Sonne hat zwar ihren Höchststand bereits überschritten, doch in der Erde ist die Wärme der letzten Monate gespeichert, Natur und Sonne strahlen um die Wette in sommerlicher Fülle und Glut.

Es ist heiß und schwül, an manchen Tagen brauen sich Wärmegewitter zusammen und sorgen für Spannungsausgleich, in den Nächten kühlt es kaum ab. Zu keiner Zeit ist die Natur so freigiebig wie jetzt. Sie strotzt in vollster Blüte und Fruchtreife, alle Pflanzen, Kräuter, Obst und Gemüse, haben die Sonnenkraft tief in sich aufgenommen und entfalten ihr vollstes Aroma. Alles reift und kann bald geerntet werden, die Energien werden nicht mehr für das eigene Gedeihen benötigt, sondern dem neuen Leben weitergegeben.

Die Sonne, die in dieser Zeit am stärksten ist, bestimmt unsere Lebensenergie, die Sonnenblumenfelder spiegeln diese unerschöpfliche Kraft wider – Fülle, Genuss, Spaß und Spiel, Freizeit, Schwelgen im Überfluss und ein bedingungsloses „Ja" zum Leben stehen jetzt im Vordergrund. Die Lebensfreude sprüht wie neue Feuerfunken, ein Schwall der Lebenslust, ein Sich-Verschwenden, Sich-an-der-Überfülle-Freuen. Im Hochsommer scheint das Vergängliche für einen Augenblick vergessen, alles erscheint lichtvoll, die Sonne ist das unsterbliche Zentrum, um das sich alles dreht.

In den meisten Ländern sind jetzt Ferien, um sich dem süßen Nichtstun hinzugeben. Urlaub für Momente der Freude und des Genusses, um sich in der Sonne zu entspannen und Kräfte für die dunkle Zeit zu sammeln. „Lebe! Liebe! Lache! Gott hat die Welt nicht gegeben, damit Du ihr entsagst, sondern damit Du sie feierst!", heißt es bei Alexis Sorbas, dem Griechen.

Zum Vollmond im August ist die Zeit der stärksten Herzkraft des Jahres. Meditiere an diesem Tag in Deine Mitte hinein, horch im Rhythmus Deines Herzschlags tief in Dein Inneres und denk dabei: Ich bin, ich bin, ich bin ...

Urprinzipiell ist natürlich die **Sonne** hier zu Hause, sie verkörpert das Wesen des Menschen und symbolisiert den Weg und das Ziel, das, worum es im „Wesen-tlichen" geht. Sie steht für Bewusstsein, Eigenverantwortung, Lebenskraft, Selbstvertrauen und Souveränität. Ihre Geschenke sind Herzlichkeit, pure kreative Lebensfreude, Begeisterungsfähigkeit, Ausstrahlung, Güte und Herzenswärme. Sonne ist reines Mitgefühl und bedingungslose Liebe – es geht darum, der Stimme unseres Herzens zu folgen. Das Sonnenprinzip hat bereits alle Kraft in sich, es wirkt aus der Mitte nach außen strahlend, alles dreht sich um diesen Mittelpunkt. Ein symbolisches Bild dafür ist das Mandala, der vollkommene Kreis. Die Sonne wird als „Licht der Welt" dem Feuerelement zugeordnet.

Auf der Körperebene gehört die Region des Solarplexus mit dem Herzen zum Sonnenprinzip. Es ist unsere Mitte im energetischen Sinn, der Seelenraum, in dem das Wesen von uns Menschen zu Hause ist. Das Herz ist aber auch der Ort, wo unsere Emotionen zu spüren sind.

EINE SOMMERNACHT IM FREIEN

Auch wenn die Tage schon kürzer werden, ist der Sommer noch in voller Kraft zu spüren. Er beschert uns heiße Tage und laue Sommernächte, die wir unter freiem Himmel verbringen können. Die Luft ist erfüllt von duftendem Heu, reifen Früchten und süßen Blüten, Seen und Tümpel sind sonnenwarm und locken zum Picknick. Jetzt sind wir eingeladen, das Leben noch einmal ausgiebig und mit allen Sinnen zu genießen, bevor wir wehmütig Abschied nehmen vom „dolce vita".

- Achte auf das Wetter und wähl eine warme, trockene Nacht für Deinen Schlaf im Freien.
- Bereit alles vor, was Du brauchen wirst, um gut zu schlafen: Eine Isomatte, eine Gartenliege oder ein kleines Zelt, Kissen und Decke, eine warme Jacke vielleicht, eine Taschenlampe oder Kerzen und Zündhölzer, etwas zu trinken. Gleichgültig, ob Du auf Deinem Balkon, im Garten oder in der freien Natur Dein Nachtlager aufschlagen möchtest, such Dir einen geschützten Ort aus, an dem Du Dich geborgen fühlst und in Ruhe die Nacht verbringen kannst.
- Bitte die Wettergeister, alle Naturwesen, Mutter Erde und Vater Himmel um Schutz und Segen für Dein Vorhaben. Dann richte Deinen Schlafplatz noch bei Tageslicht gemütlich ein und zieh einen energetischen Kreis herum.
- Stell Dich innerlich darauf ein, dass Du für viele Stunden ohne Handy oder andere Ablenkungen mit Dir und der Nacht verbringen wirst.
- Wenn Du zu Hause bist, kannst Du in einer Feuerschale Feuer anzünden und Dich dazusetzen, bis es erloschen ist. Nimm alle Veränderungen wahr, die Farben des Himmels in der Dämmerung, die ersten Sterne, und werde still.
- Bleib so lange in der Dunkelheit sitzen, wie es Dir gefällt und genieß jeden Augenblick oder leg Dich hin und beobachte den Sternenhimmel und den Mond. Achte dabei auf Deine Gedanken, Deine Gefühle. Wie ist es für Dich, so alleine bei Nacht draußen zu sein? Bist Du denn wirklich alleine?
- Achte auf die Geräusche, die Schatten, die Gerüche, nimm den Wind wahr und die sich verändernde Temperatur. Vielleicht siehst Du Tiere oder spürst Wesen um Dich herum.

- Versuch, so lange wie möglich wach zu bleiben, leg Dich erst zum Schlafen hin, wenn Du spürst, dass es Zeit ist, und bitte die Mondgöttin **Diana** um ihren Schutz. Sie möge Deinen Mut stärken, Dich der Nacht in der Natur zu stellen.
- Sei dabei achtsam mit Deinen Gefühlen, Du kannst dieses Abenteuer jederzeit beenden!
- Wenn Du zum Schlafen bleibst, achte auf Deine Träume und fang sie bei Sonnenaufgang ein, um sie später in Dein Tagebuch zu schreiben. Bleib noch ruhig liegen und beobachte das Erwachen der Natur. Nimm das zunehmende Morgenlicht wahr, die Luft auf Deiner Haut, die ersten Vogelstimmen und bedank Dich bei der Schöpfung für all die wundervollen Geschenke.
- Bevor Du aufbrichst, vergiss nicht, den Schutzkreis energetisch wieder aufzulösen, Dich bei allen Wesen für den Segen zu bedanken und alles mitzunehmen, damit der Schlafplatz wieder bereinigt ist.

Die Augen, die Fenster zur Seele, als wesentliches Organ unserer Ausstrahlung, gehören ebenfalls hierher. „Wär nicht das Auge sonnenhaft, die Sonne könnt es nie erblicken", schrieb Goethe in seiner Farbenlehre. Und tatsächlich beginnen die Augen zu strahlen, wenn die Sonne im Herzen aufgeht.

Dieser Abschnitt im Jahreskreis birgt zwei sehr unterschiedliche Qualitäten in sich. Sein Doppelaspekt zeigt, dass auf den Höhepunkt der allergrößten Fülle radikale Wandlung folgt. Nach dem Strahlen aus der Mitte heraus, nach Gluthitze und Urlaubszeit kommt die Zeit, in der die Kornfelder geschnitten werden, in der einst die Erntegöttinnen geehrt wurden, in der begonnen wird, Vorsorge zu treffen für die kalte Jahreszeit. Zum August gehört noch das Gefühl der Unsterblichkeit, denn die Sonne hat ihre stärkste Kraft und die Vergänglichkeit ist noch nicht spürbar.

Ende August ist, selbst wenn der Kalender noch Sommer anzeigt, klar spürbar, dass sich etwas verändert. Die Sonne macht sich langsam auf den Weg zur Tagundnachtgleiche, am Morgen wird es später hell und die Abende sind kühler und früher dunkel, die Kräfte der Wandlung werden nun aktiv. Das Licht wird schon deutlich weniger und der Herbst kündigt sich an, es ist ein abgeklärtes Nachklingen und Prüfen, alles was dem Fortbestand der Natur dient, bleibt erhalten. Wind und Regen ziehen immer wieder übers Land, an schönen Tagen kann die Sonne noch gut wärmen, doch ihr Strahlen hat sich von einem hellen Leuchten in ein Goldgelb verwandelt. Die Jungvögel sind erwachsen, die große Reise wird nun geplant, immer wieder sammeln sich die Zugvögel in den Bäumen. In den Bergen wird das Vieh von den Almen getrieben, mit Blumen und Kräutern festlich geschmückt, als Zeichen der Dankbarkeit. Jetzt ist Erntezeit.

Schwer und saftig hängen die reifen Äpfel und Birnen an den Bäumen, umschwirrt von Bienen und Wespen, die sich an den süßen Früchten gütlich tun, bevor sie geerntet werden. Auf den Feldern wird das goldgelbe Korn eingefahren, Obst, Feldfrüchte, Nüsse und Trauben werden geerntet, beim Wandern durch Wälder und Auen und vorbei an Hecken schenken sich uns Eberesche, Holunder und Hagebutten, in den Bergen Preiselbeeren, Wacholder und Pilze.

Vorräte werden angelegt, Heilpflanzen geschnitten und gesegnet für die dunkle Zeit. Es wird aufgeräumt, neu geordnet, gezählt, reflektiert, gesammelt und verarbeitet, allmählich bereitet man sich auf die kommende Jahreszeit vor. Bald wird Erntedank gefeiert, es ist Zeit innezuhalten und der Freude und Dankbarkeit für die vielen Gaben Ausdruck zu verleihen. Anders als bei den bunten Sommerfesten schwingt nun ein gewisser Ernst, ein Abschiednehmen von der fröhlichen Unbeschwertheit mit. Das Feuer, das im Außen gebrannt hat, wird nun behutsam nach innen getragen, unsere Aufmerksamkeit langsam nach innen gelenkt, um die Fülle der Vorhaben und Visionen, die in uns herangereift ist, zur Ernte zu bringen.

Lammas, das Schnitterinnenfest am 2. August, steht dem Lichtfest Imbolc, am 2. Februar, gegenüber. Dieses Mondfest zu Ehren der Erdmutter ist der Gegenpol zum Neubeginn und den Themen, die die Sichel des zunehmenden Mondes mit sich bringt. Der abnehmende Mond zeigt die Sichel des Schneidens und der Ernte, für die Kelten war es das Fest des Herbstbeginns.

Die liebende Göttin der Sommersonnenwende hat sich nun in die kraftvolle, reife Göttin verwandelt, die aus der unendlichen Fülle und Fruchtbarkeit des Lebens schöpft. Als Schnitterin setzt sie selbstbewusst und kraftvoll den Schnitt zur rechten Zeit.

Archetypisch ist hier die Zeitqualität der **Königin,** die souverän und autark ihr Reich regiert. Sie verkörpert die Frau, die in der Phase ihrer größten Ausstrahlung selbstbewusst ihren Raum einnimmt, den sie sich geschaffen hat. Sie ist sich ihrer Einzigartigkeit bewusst, weil sie weiß, dass ihr innerer Wert unantastbar ist. Mutig wird sie so zur natürlichen Autorität, die aus der Fülle ihrer Erfahrungen schöpft und sich in ihrer Stärke von überlebten Zuständen oder Beziehungen trennt.

Als wahre Herrscherin ist sie sich dessen bewusst, dass die größte Macht in ihrem inneren Reich liegt, für das sie allein Verantwortung trägt. Die weise Königin herrscht ohne zu beherrschen, doch notfalls verteidigt sie ihre Grenzen geschickt und klug mithilfe der Kriegerin. Die römische **Diana**, „die Leuchtende“, verkörpert diese Kriegerin, die die Würde der Frauen beschützte. Die Römer verehrten sie als Himmelskönigin und als Sonnen- und Mondgöttin, was auf ihre Verbundenheit mit dem Zyklus der Natur hinweist. Als Jägerin wird sie oft Artemis gleichgestellt, allerdings war sie mehr Beschützerin der wilden Natur. Sie galt als Schutzgöttin der Gebärenden und der stillenden Frauen und gewährte Empfängnis, weshalb sie bei Kinderwunsch angerufen wurde. Ihr Feiertag war der 13. bzw. der 15. August. An diesen Tagen zogen Frauen in Fackelprozessionen durch die Wälder und zelebrierten ein Festritual zu Ehren der Göttin.

In der katholischen Kirche ist der 15. August bis heute ein hoher Feiertag: Mariä Himmelfahrt, das bedeutendste Marienfest des Jahres, auch „Großer Frauentag“ genannt. **Maria** wird als christliche Himmelsmutter, als **Himmelskönigin** verehrt. Viele Attribute, die wir auf Darstellungen der Gottesmutter in Kirchen finden, wie die Mondsichel, Schlangen und Drachen, der Sternenkranz oder der blaue Sternenmantel und das Kindlein auf dem Arm deuten darauf hin, dass sie in ihrem Archetyp die Mutterfigur der Urgöttinnen in sich vereint.

Viele Kultstätten und Wallfahrtsorte, unzählige Rituale und Zeremonien zu Ehren der alten Göttinnen wurden auf Maria übertragen. In unserer Kultur blieb das Bild der Madonna, der „Unbefleckten und Heiligen“ von den erdigen, sinnlichen, vor Kraft strotzenden Muttergöttinnen übrig.

Aus dem keltischen Imbolc zu Ehren der Göttin Brigid wurde das Fest Mariä Lichtmess. Aus dem Fruchtbarkeitsfest zu Ehren der germanischen Maienkönigin Walpurgis wurde der Marienmonat Mai, in dem jeden Abend Maiandachten zu Ehren der Gottesmutter gefeiert werden. In den meisten Kulturen wurde die Wintersonnenwende gefeiert, in der das Licht durch die Große Göttin neu geboren wird, im Christentum schenkt Maria dem göttlichen Kind, dem „Licht der Welt“, das Leben. Ganz gleichgültig, ob wir Maria nun als Himmelskönigin verehren oder als Muttergöttin, sie breitet beschützend ihren Sternenmantel aus, unter dem vielleicht noch viele der Großen Göttinnen vereint wirken. Dass die Fürbitten, die an Maria gerichtet werden, erhört werden, dass die Kraft Mariens Wunder bewirken kann, ist hinlänglich bekannt.

Auf den Festtag der römischen Göttin Diana wurde also **Mariä Himmelfahrt** gelegt, offiziell „Mariä Aufnahme in den Himmel“, seit Jahrhunderten ein wichtiger Festtag in der katholischen Kirche, in Österreich immer noch ein gesetzlicher Feiertag. Er wird mit Messen und Prozessionen begangen, bei denen auch das Ritual der Kräuterweihe stattfindet. Schon seit frühester Zeit waren in allen Kulturen Kräuter und ihre heilende Wirkung für die Menschen lebenswichtig, häufig wurden sie als Geschenk des Himmels angesehen. Dieser uralte Brauch geht auf eine

Legende zurück, nach der bei der Öffnung von Marias Grab duftende Blüten und Kräuter vorgefunden wurden. So steht Maria symbolisch für die heilwirkende Kraft Gottes am Menschen, an Leib und Seele.

Besonders stark ist die Tradition der Kräuterweihe bei der ländlichen Bevölkerung verwurzelt. Am Marienfeiertag werden die Kräuterbüschel in der Kirche gesegnet und dann mit den Blüten nach unten zu Hause aufgehängt. Nach altem Glauben sollen sie Haus und Hof, Mensch und Tier schützen. Früher hatte jedes Haus einen Herrgottswinkel als traditionellen Platz, heute wählt man einen Ort in der Wohnung, der zu Ruhe und Besinnung einlädt. Man kann auch ab und zu ein wenig von den trockenen Kräutern in den Tee geben, der wohltuend bei Krankheiten wirkt oder man vermischt sie mit Weihrauch zu Räucherwerk, um das ganze Jahr über heilsame Impulse zu setzen.

In Bayern und Österreich beginnt nun die Zeit des **„Frauendreißigers“**. Damit werden die Tage zwischen den Festen Mariä Himmelfahrt am 15. August und Mariä Namen am 12. September bezeichnet, die als besondere Gnadenzeit gelten. In diesen magischen Tagen entfalten die Kräuter ihre höchste Heilkraft und sollten jetzt für die dunkle Zeit geerntet werden. Idealerweise bewahrt man die getrockneten Kräuter und Blüten getrennt voneinander in dunklen Gläsern auf, die man beschriftet. Erst wenn man einen Tee zubereiten oder räuchern möchte, stellt man die Mischung zusammen, die man gerade benötigt. In kleinen Kissen können heilsame Kräuter wie Kamille, Lavendel oder Melisse für einen gesegneten Schlaf sorgen. Jetzt ist auch eine günstige Zeit Steine, Wurzeln, Federn oder andere Gegenstände für Rituale zu sammeln und zu segnen.

KRÄUTERBUSCHEN BINDEN

Je nach Region werden die Kräuterbuschen aus mindestens sieben verschiedenen Kräutern gebunden. Auf jeden Fall sollte es eine magische Zahl sein, wie sieben, neun oder zwölf. Sieben gilt als heilige Zahl, die für Vollendung steht und für die Schöpfung. Sieben Hauptkräuter, die hier Verwendung finden können, sind Arnika, Johanniskraut, Wermut, Schafgarbe, Spitzwegerich, Tausendgüldenkraut und die Königskerze, die in jedem Kräuterbuschen als Zepter die prachtvolle Mitte bildet. Auch andere Kräuter wie Beifuß, Salbei, Baldrian oder Frauenmantel können verwendet werden, je nachdem, was Garten und Wiesen gerade hergeben.

Abhängig von der Region werden gerne Kornähren in die Büschel gebunden zum Dank für das tägliche Brot. Im Hochsommer haben nun alle Kräuter, deren Heilkraft auf ätherischen Ölen beruht, durch die Sonne ihr höchstes Potenzial entwickelt. Der Segen Mariens soll nach christ-

ERNTERITUAL – KRÄUTER BEWUSST ERNTEN

Zu allererst: Alle Pflanzen sind beseelte Wesen!
Deshalb gilt es als selbstverständlich, dass wir achtsam und wertschätzend mit ihnen umgehen und ihre Geistwesen respektieren. In allen Kulturen und zu allen Zeiten gab es verschiedene Rituale und bestimmte magische Zeitpunkte für das Ernten von Pflanzen. Die Menschen lebten eingewoben in die Zyklen der Natur als Teil des Ganzen, wussten um Mythen und Kräfte der Pflanzendevas und verwendeten Formeln und Sprüche für die rituelle Ernte. In alten Kräuterbüchern findet man entsprechende Praktiken beschrieben und heute noch gibt es unzählige Anleitungen dazu. Ich habe im Laufe meines Lebens meine ureigenen Rituale gefunden und möchte hier dazu ermuntern, vertrauensvoll und feinfühlig den eigenen Impulsen zu folgen.

„Das Äußere einer Pflanze ist nur die Hälfte ihrer Wirklichkeit“, schrieb Goethe. Wir brauchen Achtung und Wertschätzung vor den Pflanzen, denn sie sind nicht nur Lebewesen, sie haben auch Bewusstsein und können angesprochen werden. Die Seele der Pflanze ist es, die den Menschen Heilung bringt, ihre Feinstofflichkeit, nicht nur ihre Inhaltsstoffe. Der Name einer Pflanze oder ihre Signatur bringen uns manchmal dem Verständnis ihrer Wirkung näher als die Liste ihrer Inhaltsstoffe. So zeigen z. B. die Blätter des Lungenkrauts an der Oberfläche gut sichtbare „Lungenbläschen.“

Der Homöopathie liegt zugrunde, dass jede noch so unscheinbare Pflanze einen weisheitsvollen Anteil für das Ganze in sich trägt. Will man Heilpflanzen ernten, sollte man sich vorher bewusst einstimmen und ihre Seele um Erlaubnis bitten. Jedes Ritual ist eine heilige Handlung und so wirksam wie es aufgeladen wird. Nachdem Heilkräuter offensichtlich kein Ohr haben, um unsere Botschaften zu vernehmen, sollten wir lernen, mit ihnen zu kommunizieren und das braucht ein bisschen Übung. Am besten stimmen wir uns ein, indem wir nichts erwarten und Zeit mitbringen, um die ganze Kraft und Essenz der Pflanze wahrnehmen zu können: einfach nur sitzen, still werden, alle Einzelheiten der Pflanze aufnehmen, ihren Duft riechen, ihre Energie spüren.

lichem Glauben diese Heilwirkung vervielfachen. Nach altem Brauch wird das Kräuterbüschel vom letzten Jahr verbrannt und durch das frisch gebundene ersetzt.

„Die Bienenkönigin“ passt hier als Märchen. Sie sorgt sich um das Wohl des ganzen Organismus und dient ihm mit Hingabe. Die Bienenkönigin steht nicht als Herrscherin an der Spitze einer anonymen Masse, sondern ist das warme Zentrum ihres Volkes.

Folgende Fragen zur Selbstreflexion können in dieser Phase hilfreich sein:

- Führe ich mein Leben so, wie ich es für richtig halte? Bin ich mir selbst treu?
- Bin ich „Königin im eigenen Reich“?
- Bin ich mir meiner Einzigartigkeit und Königinnenwürde bewusst und übernehme Verantwortung für mein Handeln, meine Entscheidungen und Fehler?
- Wie schütze ich meine Grenzen gegen negative Einflüsse oder Angriffe?

- Bin ich bereit, Opfer zu bringen, wenn es dem Wohl aller dient?
- Was darf in meinem Frausein noch reifen? Wo sollte ich einen beherzten Schnitt wagen, um Raum für einen neuen Abschnitt zu schaffen?
- Wo in meinem Leben sind bereits Samen aufgegangen, wo kann ich schon freudig ernten? Was braucht noch Geduld und Zeit, um in mir zur Reife zu gelangen?
- Wie steht es um meine Vitalität? In welchen Bereichen meines Lebens verspüre ich wahre Herzensfreude?

PFLANZEN DER GÖTTIN

Arnika – Arnica montana

Dieses leuchtend gelbe Bergkraut – die „Königin der Kräuter“ zählt zu den größten Geschenken aus der Apotheke der Natur. Als Heilpflanze war sie schon bei den Germanen hochgeschätzt. Auch Hildegard von Bingen hat die Heilkraft des Wundkrauts hochgelobt. Bis weit ins 18. Jahrhundert wurde Arnika zur Ehrung der großen Muttergöttinnen, der Gottesmutter Maria und als Zauberpflanze verwendet.

Arnika, auch „Bergwohlverleih“ genannt, wächst hoch oben im Gebirge und verbreitet dort einen wilden, aromatischen Duft. Inzwischen steht sie streng unter Naturschutz, weil sie beinahe ausgerottet wurde. Seit kurzer Zeit ist es allerdings gelungen, diese wertvolle Pflanze für therapeutische Zwecke zu kultivieren, denn ihre Heilkraft ist für viele Arten von Verletzungen unverzichtbar.

Laut Pfarrer Kneipp ist die Tinktur der Arnika „das erste Heilmittel bei Verwundungen“, das er nicht genug empfehlen kann. Tatsächlich haben die wertvollen Inhaltsstoffe der Arnikablüte eine schier unendliche Wirkkraft von antibakteriell über entzündungshemmend bis zu herzstärkend. Zur äußerlichen Anwendung wird sie in

Form von Tinktur oder Salbe, häufig als Erste Hilfe bei stumpfen Verletzungen, angewendet, innerlich als homöopathische Unterstützung z. B. nach Operationen. Arnika stillt den Wundschmerz und unterstützt die Regeneration des Gewebes, z. B. bei Zahnfleischerkrankungen, Mandelentzündung oder Heiserkeit. Zu beachten ist, dass die Kräfte dieser besonderen Pflanze richtig dosiert werden, denn unverdünnt können Tinktur oder Tee Hautreizungen oder andere allergische Reaktionen hervorrufen.

Ringelblume – Calendula officinalis

Wie die Arnika, gehört auch die Ringelblume – die Wundheilerin – zur Familie der Korbblütler. Beide sind berühmte Wundheilerinnen, doch mit verschiedenen Fähigkeiten. Die eine wächst wild und zerzaust im Gebirge, die andere lässt sich nur im Garten kultivieren. Calendulasalbe kann überall dort verwendet werden, wo die Haut empfindlich reagieren könnte, z. B. zur Babypflege, bei entzündeten Brustwarzen durch Stillen, bei Verbrennungen oder schlecht heilenden Wunden. In vorchristlicher Zeit wurde die Ringelblume als „Sonnenbraut" bezeichnet, so wie das Gänseblümchen, der Löwenzahn und die Kamille, die sich nach dem Sonnenlauf richten und ihre Blüten zu bestimmten Zeiten öffnen und schließen.

Zu allen Zeiten und in allen Kulturen galt die Sonne als Symbol des Lebens, die Menschen richteten sich nach dem Stand der Sonne aus. Selbst unsere christlichen Feste werden beinahe zeitgleich mit den alten Sonnenfesten gefeiert. Blumen, die sonnenähnlich sind und zu den wichtigsten Punkten im Sonnenlauf blühen, wurden als heilig verehrt. Zum Frühlingsäquinoktium war es das Gänseblümchen, zur Sommersonnenwende das Johanniskraut und die Ringelblume wird bis zum Herbstäquinoktium blühen. Später wurden viele dieser Sonnenbrautblumen verschiedenen Muttergöttinnen geweiht, auch der Gottesmutter **Maria**. Daher trägt die Ringelblume den Namen Mariengold. Tatsächlich ist sie Labsal für Körper und Seele, denn ihre mütterliche Fürsorge beschützt uns sanft und hilft uns dabei, auch seelische Wunden heil werden zu lassen.

Für einen wohltuenden „Frauentee" bei Menstruationsbeschwerden mischt man getrocknete Ringelblumen, Kamille, Frauenmantel und Schafgarbe zu gleichen Teilen und übergießt einen Teelöffel der Mischung mit einer Tasse kochendem Wasser. Davon trinkt man 2–3 Tassen täglich. Ganz einfach lässt sich eine Calendulacreme für trockene und gereizte Haut herstellen. Dafür rührt man ein Eigelb mit dem Handmixer schaumig und fügt so lange tropfenweise Ringelblumenöl zu bis eine lockere Creme entstanden

KRAFTVOLLER BEGLEITER

Den Gebrauch eines Medizinbeutels gab es nicht nur in der indianischen Tradition, sondern auch bei den Druiden und Germanen. Beutel wurden in vielen Kulturen dazu verwendet, um besondere heilige Gegenstände darin aufzubewahren. Wer sich gerne über längere Zeit mit den Spirits bestimmter Pflanzen verbinden möchte, kann selbst einen Medizinbeutel herstellen. Dieser kann Lebenskraft (Medizin) spenden, uns mit unserer Urkraft verbinden und Schutz vor negativen Einflüssen schenken. Er begleitet durch den Tag und durch die Träume als wundervolle Unterstützung, wenn man rituell persönliche, heilige und heilende Gegenstände, liebevolle Gedanken und Segen zu den Kräutern packt. Der Inhalt ist ureigene Medizin und als solche meist nur der Trägerin bekannt.

- Nimm ein Stück Leder (z. B. weiches Fensterleder), schönen Stoff oder Filz, stell ein Glas oder eine Tasse darauf und zieh mit einem Stift den Kreis nach.
- Schneid diesen aus und stanz mit einer Lochzange oder Schere am Rand Löcher, durch die Du eine Schnur fädeln kannst.
- Nun lass Dich inspirieren, mach Dich auf den Weg und bitte Pflanzen, Steine, Wurzeln, Samen, vielleicht auch Federn, mit Dir Kontakt aufnehmen.
- Such kleine Gegenstände aus Deinem persönlichen Besitz und spür hin, welche Dinge für die nächste Zeit nahe an Deinem Körper getragen werden möchten, um Dich zu unterstützen.
- Wenn Du alles bereit hast, mach ein schönes Ritual für Deinen Medizinbeutel.
- Stell Räucherwerk bereit, eine Schale mit Quellwasser und leg alle Dinge, die in den Beutel kom-

men sollen, auf ein großes Blatt Papier, auf dem Du mit Farbstiften bereits die vier Himmelsrichtungen eingezeichnet hast.

- Lass nun die Göttin vor Deinem inneren Auge auftauchen, die Dir zur Seite stehen soll und schreib ihren Namen dazu.
- Entzünd Weißen Salbei und räuchere Deinen Körper damit ab.
- Dann schließ Deine Augen, visualisiere einen Kreis um Dich und bitte die Kräfte der Himmelsrichtungen und der vier Elemente um Beistand.
- Segne nun alle Gegenstände, indem Du sie mit Wasser besprengst und sie in den Rauch Deines Räucherwerks hüllst, um sie entsprechend aufzuladen. Bedank Dich bei den Spirits, dass sie Dir zur Seite stehen und füll Dein Säckchen achtsam Stück für Stück. Verschließ es und trag es so lange bei Dir, wie es Dir guttut.

Danach kannst Du Deinen Medizinbeutel dazu verwenden, Dankesgaben in der Natur zu lassen. Wann immer Du etwas erntest, abschneidest und mit nach Hause nimmst, gib zum Dank etwas aus dem Beutel zurück.

ist. In einem kleinen sauberen Tiegel kann man sie im Kühlschrank aufbewahren, sie ist allerdings nicht lange haltbar, weil sie ohne Konservierungsstoffe ist. Diese Calendulacreme zur Beruhigung morgens und abends großzügig auf die empfindlich gereizte Haut auftragen.
In der Küche eignen sich die sonnengelb-orangen Blütenblätter zur Dekoration und zum Färben von Speisen. Früher wurden die Blütenblätter als „falscher" Safran verkauft, um Suppen, Reis, Butter, Käse und Kuchen zu färben.

Borretsch – Borago officinalis

Im keltischen Wortstamm „borrach" ist der Mut versteckt, was auf die große innere Kraft dieser Heilpflanze hindeutet. Es ist das bekannteste

magische Herzkraut, das ab dem Mittelalter das Wesen der Jungfrau Maria verkörperte. Die Devas des blauen Borretsch sollen Schwermut vertreiben und glücklich und zufrieden machen. Verräuchert verströmt Borretsch einen entspannenden Duft, der das Herz wärmt.

HEILSTEIN DER REIFEN GÖTTIN

In der Mythologie gilt der goldgelbe **Topas** als Stein der Sonne und des Feuers, Hildegard von Bingen schreibt über ihn: „Seine Klarheit gleicht der des Wassers, aber seine Farbe ist dem Gold ähnlicher als dem Gelb. Er ist sehr rein, feurig und warm." Dieser besondere Stein wurde schon Tausende Jahre vor Christus erwähnt. In ihm sind die Strahlen der Sonne eingeschlossen, deshalb bezeichneten ihn die alten Griechen als „Glut der Erde", als Lichtbringer auf höchster Ebene, der seinem Träger Licht ins Dunkel bringt. Tatsächlich stärkt dieser kräftige Heilstein das Herz, den gesamten Organismus und damit unsere Lebenskraft. Frauen in den Wechseljahren kann der Topas vor Depressionen bewahren und bei Hormonschwankungen und nervlichen Anspannungen für Ausgleich sorgen. Auf der Seelenebene fördert er die Selbstverwirklichung und Authentizität, die Aufrichtigkeit uns selbst gegenüber. Er stärkt unsere Ich-Kraft, das Vertrauen in unsere innerste Kraft und verleiht uns den Mut, uns treu zu bleiben und unserem Herzen zu folgen.
Während der Meditation auf den Solarplexus gelegt, lässt der Topas unseren Geist und Körper besonders tief in die Entspannung sinken.

PEPERONATA (VEGAN)

Zutaten für 2 Personen:

- je 1 gelber und roter Paprika
- je 1 kleine Zucchini und Aubergine
- 2 reife Fleischtomaten
- 1 EL Tomatenmark
- natives Olivenöl
- Salz und Pfeffer aus der Mühle
- Bouquet garni (Kräutersträußchen) aus Petersilienstängel, Thymian und Lorbeerblatt
- frisches Basilikum

Zubereitung:

- Paprika roh schälen (Schalen aufheben) und in ca. ½ cm große Würfel schneiden.
- Zucchini und Aubergine waschen und ebenfalls in ½ cm große Würfel schneiden, dann beiseitestellen.
- In einer Pfanne Olivenöl erhitzen, Paprikawürfel darin andünsten und salzen.
- Zucchini- und Auberginenstücke dünsten
- Tomaten blanchieren, schälen und entkernen – Schalen und Kerne zu den Paprikaschalen geben.
- Tomaten in Olivenöl andünsten, Tomatenmark dazugeben, das gedünstete Gemüse darunter rühren.
- Die Gemüseschalen in etwas Wasser weichkochen, mit dem Mixstab pürieren, durch ein Sieb passieren und unter das Gemüse rühren.
- Bouquet garni dazu geben, noch einmal würzen und für ca. 10 Minuten bei ca. 170° ins vorgeheizte Backrohr schieben.
- Mit frischem Basilikum garniert servieren.

Mein Tipp: dazu Polenta oder gegrillten Tofu reichen. Peperonata kann man an heißen Tagen auch gut kalt mit frischem Brot essen.

RUCOLASALAT MIT GESCHMORTEN PFIRSICHEN (VEGAN)

Zutaten für 2 Personen:

- 2 reife Fleischtomaten
- 2 reife weiße Pfirsiche
- je 2 frische Thymian- und Rosmarinzweige und Lorbeerblätter
- natives Olivenöl
- Pfeffer aus der Mühle
- 1 Bund Rucola
- 20 g Pinienkerne
- 1 EL weißer Balsamicoessig
- Salz
- frisches Basilikum

Zubereitung:

- Backofen auf 120° vorheizen.
- Tomaten und Pfirsiche mit einem Messer einritzen, überbrühen, abschrecken und die Haut abziehen. Dann halbieren und entkernen bzw. entsteinen.
- Backblech mit Backpapier belegen, Kräuter darauf verteilen, Tomaten- und Pfirsichhälften auf die Kräuter setzen, mit Olivenöl beträufeln und pfeffern, dann abdecken.
- Im vorgeheizten Backrohr bei 120° auf der 2. Einschubleiste von unten ca. 30 Minuten schmoren.
- Rucola waschen und putzen, Basilikum waschen und Blätter abzupfen.
- Pinienkerne in einer Pfanne ohne Fett hellbraun rösten.
- Balsamico mit Olivenöl, Salz und Pfeffer verrühren.
- Tomaten und Pfirsiche in grobe Stücke teilen und noch warm mit dem Rucola unter das Dressing heben.
- Auf Tellern anrichten, geröstete Pinienkerne und grob zerpflückte Basilikumblätter darüberstreuen.

HERBSTBEGINN

GEBEN UND NEHMEN

Nimm eine Handvoll Sommer in den Herbst hinein,
um von den Früchten der Erinnerung zu zehren
und von den langen Tagen, blau vor Sonnenschein,
die jäh entschwunden sind und nicht mehr wiederkehren.

FRIEDRICH TSCHUDI

Herbst-Tagundnachtgleiche am 21.–23. September

Die Herbst-Tagundnachtgleiche wird zwischen dem 21. und 23. September gefeiert, ein Fest, das sich nach dem Sonnenstand richtet. Die Sonne scheint nun merklich kürzer als in den vergangenen Wochen, Tag und Nacht sind gleich lang, sie halten sich die Waage.

Es ist noch einmal ein Augenblick des Innehaltens, weder die Hitze des Sommers ist noch zu spüren, noch die Kälte des Winters und doch liegt von beiden etwas in der Luft. An schönen Tagen schenkt die Sonne ihr goldenes, warmes Licht und verbreitet eine Atmosphäre von Ruhe und Harmonie, alles scheint in Balance zu sein. Die Natur erweist sich als einzigartige Künstlerin – Fülle, wohin das Auge schaut!

Nie beschenken uns die Gärten mit solch einer Pracht an bunten Blumen wie jetzt, wo Sommer- und Herbstblumen einander begegnen. Flammend leuchten die Wälder im Schmuck ihrer roten, gelben und goldenen Blätter. In den Baumwipfeln versammeln sich die Zugvögel zu einem letzten Konzert, bevor sie sich in großen Schwärmen auf die weite Reise machen. Es ist Weinlese – Nüsse, Kastanien und sonnenreifes Obst werden geerntet und Blumenzwiebeln für den nächsten Frühling in die Erde gelegt. So manche Frucht kann noch in der milden Herbstsonne ausreifen, die Erntezeit geht langsam zu Ende.

Jetzt ist eine gute Zeit Wurzeln auszugraben. Den Sommer über haben sie wertvolle Inhaltsstoffe angesammelt und im Winter sind Meisterwurz, Beifuß, Alant und Baldrianwurzeln willkommene Zutaten im Räucherwerk. Jetzt ist die Essenz eine andere als im Frühling, wo die Schönheit der Natur erst im Begriff war zu erwachen. Im Goldenen Herbst, können wir die gesamte Schöpfung in ihrer vollen Pracht erleben.

Die Sonne hält für einen Augenblick inne, bevor sie langsam hinabsteigt in die Dunkelheit. Es ist die Zeit der stillen Wende, der Herbstbeginn ist der große Sonnenuntergang des Jahres. Nun beginnt die zweite Hälfte des Sonnenjahres, der Winterrhythmus, wir stehen an der Schwelle zwischen Tag und Nacht.

An diesem Gleichgewichtspunkt fühlen wir uns genährt und mit Wärme aufgeladen, dennoch liegt eine gewisse Wehmut in der Luft, eine Stimmung des Abschiednehmens und Scheidens. Doch unser Herz ist tief drinnen gewiss, dass inmitten der Dunkelheit wieder das Licht kommen wird. Bewusst und dankbar genießen wir noch einmal die bunten Farben, Licht und Wärme der milden Sonne, in dem Wissen um die bevorstehende lange Zeit der Dunkelheit und Kälte.

Das Wesen des Wandels der Göttin wird nun besonders deutlich, sie wird jetzt zur Herbstfrau, ihr strohblondes Haar ist geschnitten. An kühlen Morgen liegen Nebelschleier über den Wiesen und Tau glitzert in den Spinnenweben, der Altweibersommer ist da. Der Mythos erzählt, dass dies die Schicksalsfäden von uns Menschen seien, die von der Spindel der Großen Göttin gewoben werden.

Im **Herbstäquinoktium** spüren wir, dass es gilt, Abschied zu nehmen von der Fülle im Außen,

uns allmählich wieder mehr unserer inneren Welt zu zuwenden, Bilanz zu ziehen und uns unserer Ressourcen zu besinnen. Unsere Träume, die wir zu Imbolc gesät haben, die wir zum Frühlingsäquinoktium feurig gestärkt und mit unserer Liebe an Beltane genährt haben, die durch unsere Emotionen im Sommersolstitium reich gedüngt, ihre volle Reife in der Füllezeit erlangt haben, bekommen nun den Erntesegen und dürfen Gestalt annehmen. Und das Rad dreht sich unaufhaltsam weiter im ewigen Rhythmus.

Die nährende Göttin wandelt sich nun zur **Matriarchin**, die um ihre Stärken und Schwächen weiß, deren überreiche Reife auf ihrer Lebenserfahrung beruht. Ihre ausgeglichene stille Macht wurzelt tief in ihrer Weiblichkeit. Sie befindet sich in absoluter Harmonie, strahlt Eleganz, Anmut und Vitalität aus, verbunden mit Würde und souveräner Weltgewandtheit. Was zum Frühlingsäquinoktium gesät wurde, trägt nun Früchte – die Ernte will eingefahren werden, Spreu vom Weizen getrennt, Bilanz gezogen, Fehler erkannt und spirituelle Vorräte für spätere Zeiten angelegt werden.

Die Wärme des Sommers und die Kühle der ersten Herbsttage durchdringen einander in wundervoller Harmonie. Archetypisch ist dieser Zeitraum der Waage Venus zugeordnet, deren Themen Liebe, Frieden und Balance sind. Die Liebesgöttin **Venus Aphrodite**, der wir schon zu Beltane im Mai begegnet sind, ist hier nicht die sinnlich genießerische Erdgöttin, sondern die luftige, himmlische **Venus Urania**. Ihre Gaben sind Diplomatie, Aussöhnung und innerer Frieden, die für unser inneres Gleichgewicht sorgen. Als Göttin der Künste liebt sie stilvolles Ambiente und Musik und hat einen ausgeprägten Sinn für Schönheit und Sinnlichkeit. Ihr größtes Geschenk jedoch ist die Liebe, diese unbändige Kraft, die alles in Harmonie bringt.

Aufgabe dieser Zeit wäre es, vom inneren zum äußeren Frieden zu finden. Wenn es jemanden gibt, mit dem Du Dich aussöhnen möchtest, wäre nun ein guter Zeitpunkt. Beginn zuerst bei Dir selbst, Dir Dinge oder Versäumnisse nicht länger nachzutragen, die seelische Wirkung ist unglaublich befreiend. Auf der Körperebene entsprechen die Nieren dem Waage-Venus-Prinzip, sie sorgen für das Säure-Basen-Gleichgewicht und vermitteln damit die Balance zwischen weiblichen und männlichen Kräften. Deshalb ist auch Partnerschaft ein Venusthema.

In der katholischen Kirche sorgt der Erzengel Michael für das Gleichgewicht, das zu wahrer Harmonie und tiefem inneren Frieden führt. Er ist der Seelenwäger, der mit Schwert und Waage dargestellt wird und dessen Botschaft lautet: *„Schneide Dich frei und lass los!“*

Wenn wir den Jahreskreis wie einen Tag betrachten, dann entspricht dieses Sonnenfest dem Sonnenuntergang als Zwischenzustand zwischen Tag und Nacht. In beinahe allen Kulturen hat man Opfer gebracht, um gut über die Schwelle zu gelangen, man hat große Dankesfeste gefeiert in Ehrerbietung an die Göttin der Ernte. Obwohl die Bedeutung dieser Feste für Stadtmenschen kaum noch nachvollziehbar ist, sind sie bis heute in der katholischen Kirche als Erntedankfeste erhalten geblieben.

Bei den Kelten wurde das Fest **Mabon** genannt, was „großer Sohn“ bedeutet. Mabon war der walisische Sohn der Erdmutter und Schutzherrin der Anderswelt. Der Sage nach war er drei Tage verschwunden und wurde letztendlich in der Bauchhöhle von Mutter Erde gefunden. Einen sehr bedeutenden Mythos, der mit diesem Jahreskreisfest verbunden und sehr ähnlich zu Mabon ist, gab es bei den Griechen. Sie feierten die neuntägigen Eleusinen, Festlichkeiten zu Ehren der Göttin Demeter und ihrer Tochter Persephone.

Demeter, die Kornmutter und Göttin der Kornfelder, wird mit Ähren in der Hand und einer Ährenkrone auf dem Kopf dargestellt. Ihr Name Demeter (Dea-Mater) bedeutet „Gott-Mutter“, was „Muttergöttin“ heißt und als die Erde selbst angesehen wird. Sie entspricht der römischen **Ceres. Persephone**, ihre Tochter, wird auch **Kore** genannt. In der Mythologie war Demeter die einzige bedeutende Göttin, die zutiefst traurig und unglücklich war. Sie war die verzweifelte Mutter der geraubten Persephone, hilflos gegenüber der Entführung ihrer Tochter. Hades/Pluto, der Gott der Unterwelt, hatte sie geraubt, worauf Demeter sie überall verzweifelt suchte. Als sie sie nicht finden konnte, zog sie in ihrer Trauer und tiefem Schmerz ihre Lebenskraft von der gesamten Vegetation zurück.

Damit verwandelte sie das Grün der Erde erstmals in eine goldgelbe herbstliche Färbung, bis schließlich der Winter seine weiße Decke wie ein Leichentuch über das Land zog. In ihrer unendlichen Sehnsucht nach der geliebten Tochter verfluchte Demeter alles, was fruchtbar war. Es herrschte so großes Leid auf der Erde, dass Zeus schließlich Hades überredete, Kore zu ihrer Mutter zurückkehren zu lassen. Dieser sagte zu, wendete aber einen Trick an, um sie nicht ganz hergeben zu müssen – er gab ihr heimlich Granatapfelkerne in der Unterwelt zu essen.

Schließlich einigte man sich darauf, dass sie regelmäßig zu Hades zurückkehren muss. Kore, die mädchenhafte Frühlingsgöttin, wandelt sich so zur Unterweltsgöttin Persephone, sobald sie sich im Reich von Hades befindet. Die Hälfte des Jahres darf sie als Kore bei ihrer Mutter leben, dann ist Frühling und Sommer auf Erden. Herbst und Winter muss sie als Persephone bei Hades in der Unterwelt verbringen. Die weise Göttin

Hekate ist ihre ständige Begleiterin, durch deren Weisheit und die Intuition des Zwielichts wird sie zur Königin der Unterwelt.

Demeter schenkte den Menschen zum Dank ihre schönen eleusinischen Mysterien, um ihnen die Angst vor dem Tod zu nehmen. Diese Mysterien wurden gefeiert, um den Menschen Mut zu machen für den Eintritt in die Nacht als rituelles Nachvollziehen der Transformation von Tod und Wiedergeburt. Da Persephone in Eleusis der Unterwelt entstiegen sein soll, wurde mit den Eleusinen jedes Jahr Kores Abstieg zu Herbstbeginn betrauert. Dazu wurde die letzte geerntete Getreidegarbe rituell geflochten und mit dem Wunsch einer Wiedergeburt in eine Krippe gelegt. Ihr Kult lebt noch heute weiter im Glauben der Landbevölkerung, dass in der letzten Garbe der Geist von Demeter stecke. Diese Garbe wird als Demeter, „das Korn der Mutter", bezeichnet.

Im Demetermythos erkennen wir sowohl den steten Wandel der Jahreszeiten als auch die Dualität des Frauseins: Mutter und Tochter, Junge und Alte, Helle und Dunkle. Persephone symbolisiert den Samen, der in der Erde schlummert, bis er im Frühling zu neuem Leben erwacht. In der letzten Garbe steckt symbolisch der herbstliche Tod, der zu einer neuen Geburt im Frühling führt, im ewigen Kreislauf des Lebens.

Dieser griechische Mythos ist mit jenem der römischen Göttin Ceres und ihrer Tochter Proserpina weitgehend identisch. Ceres war die große Muttergöttin der Römer, auch sie wurde als Göttin der Fruchtbarkeit und der reichhaltigen Ernte verehrt. Alles Leben kommt aus ihrem Schoß, nach dem Tod nimmt sie es wieder in sich auf. Die Sichel, mit der Ceres auf manchen Abbildungen dargestellt wird, gilt als Symbol des Abtrennens und damit des Todes, auf den im kommenden Jahr eine Wiedergeburt folgt, wenn die Göttin gnädig gestimmt ist. Sie lehrt uns, geduldig den richtigen Zeitpunkt abzuwarten und ihre Früchte erst zu ernten, wenn sie reif sind. Ihren Namen finden wir in Wörtern wie Cerealien und Zeremonien, „crescere" bedeutet wachsen und unser Wort „kreieren" entspringt der großen Schöpferkraft der Erdgöttin Ceres. Heute noch werden zu ihren Ehren „Zeremonien" abgehalten, am weitverbreitetsten sind die Erntedankfeste.

Bei den Germanen war **Nerthus**, später **Hertha**, die Göttin des Wachstums und der Fülle. Sie wurde als Erdmutter verehrt, die all ihre Kinder

mit Frieden und Schönheit beschenkt. Auf der Insel Rügen wird sie bis heute verehrt.
Als Märchen entspricht dem Archetyp der Waage Venus, bzw. der Dualität Mutter – Tochter, dem **„Schneewittchen“**. Die Stiefmutter sieht Schneewittchen als Abbild ihrer eigenen Kindheit und Jugend. Sie erträgt es nicht, dass sie selbst nun nicht mehr in dieser jugendlichen frischen Schönheit gesehen wird, sondern zum Inbegriff des reifen Lebens geworden ist. Während die heranwachsende Tochter wie eine Knospe „erblüht“, wird sich die Mutter schmerzlich ihres reifen Alters und möglicherweise auch ihrer Vergänglichkeit bewusst.
Folgende Fragen zur Selbstreflexion können in dieser Phase hilfreich sein:

- Wie sehr lasse ich mich von äußerer Schönheit blenden?
- In welchen Situationen verberge ich mein Gesicht hinter einer Maske?
- Was verleiht meinem Leben wirklich Bedeutung?
- Wie steht es um meinen Sinn für Gerechtigkeit und Harmonie?
- Wie leicht fällt mir das Wegschneiden und Zurückschneiden all dessen, was sich überlebt hat?
- Welche „alten Zöpfe“ gilt es nun endgültig abzuschneiden?
- Welche Wünsche habe ich ins Leben gerufen? Was hat sich manifestiert und Früchte getragen?
- Wofür bin ich von Herzen dankbar?
- Kann ich erkennen, dass auch das Dunkle zum Leben gehört?
- Wieviel Gleichmut besitze ich, wie steht es um mein inneres Gleichgewicht?

Gerade in einer Zeit, in der unser Mailpostfach täglich überquillt, tun mit Achtsamkeit verfasste, handgeschriebene Worte besonders gut, denn bewusst mit Liebe gewählte Worte sind kostbare Geschenke. In alten Überlieferungen heißt es, dass sich in jedem mit der Kraft unseres Herzens geschriebenen Brief ein magischer Zauber verbirgt. Und tatsächlich gehen wir beim Schreiben in unser Innerstes, kehren es mit unseren Worten auf Papier nach außen. Kein Mensch auf der Welt schreibt wie der andere, steckt dieselben Gefühle hinein, reiht die gleichen Wörter aneinander. Es gibt Zauberwörter, die unsere Seele berühren und Wörter zwischen den Zeilen, es gibt gut verpackte Wörter und vielversprechende.
Es ist viele Jahre her, dass ich ihn zum ersten Mal geschrieben habe – einen Brief an mein zukünftiges Ich, angeregt durch den Film „Vergissmeinnicht“. In diesem Film schreibt sich Margaret als siebenjähriges Mädchen selbst Briefe, die sie irgendwann daran erinnern sollen, worauf es im Leben wirklich ankommt. Es ist nie zu spät sich den ersten Brief zu schreiben mit allen Wünschen, Träumen und Zielen, Plänen und Hoffnungen. Diese Briefe machen mich doppelt glücklich, beim Schreiben und beim Lesen, weil sie mir zeigen, wie wundervoll mein Leben ist, wie reich ich beschenkt bin, wie viele meiner Träume wahr geworden sind.

HERBST MIT ALLEN SINNEN

Zeit ist linear, lehren uns die Naturwissenschaften. Doch je intensiver wir im Einklang mit der Natur leben, lehrt sie uns, die Zeit zyklisch zu betrachten. In jedem Wachsen ist das Sterben enthalten, in jedem Blühen ein Welken, das ist der Lauf der Zeit. Wenn sich der Sommer zu Ende neigt, ist die jahreszeitliche Wende deutlich zu spüren. Die Herbstgöttin kann uns Lehrerin darin sein, die goldene Zeit und den Wandel, den sie in sich birgt, bewusst dankbar und mit Freude zu

BRIEF AN MEIN ZUKÜNFTIGES ICH

- Wie auch immer Du beim Schreiben bist – langsam, zaghaft, laut, frech, steh dazu, dann macht das Schreiben Freude. Dann erfüllst Du beim Schreiben eine Sehnsucht nach tiefer Verbindung zu Dir selbst.
- Such schönes Papier aus, wähl Deine Lieblingsfarbe, hol die Füllfeder wieder aus der Schublade, füll sie mit frischer Tinte und schreib einfach los.
- Träum Dich hinein in Deine Wünsche, Vorstellungen und Visionen für Dein zukünftiges Ich. Setz Dir keine Grenzen, denk groß!
- Bleib dran am Schreiben, lass Deine Seele zu Wort kommen und schreib Dir alles vom Herzen, lass es einfach fließen. Dann wird Schreiben wie Tanzen: zu den inneren Melodien finden sich Wörter ein, schwingen miteinander und fließen zu Texten zusammen. Du kannst dazu zeichnen, Collagen oder Fotos aufkleben, ohne Zensur, alles ist erlaubt. Das ist es, worum es geht.
- Wenn Du fertig bist, steck Deine Zeilen in ein Kuvert und kleb es zu, sodass Du es aufreißen musst, wenn Du sie irgendwann lesen möchtest.
- Dann gib den Brief an einen Ort, den nur Du kennst und hol ihn frühestens zu Neujahr wieder heraus. Am allerschönsten ist es, den Brief zu „vergessen“ und sich selbst damit zu überraschen, wenn man den Schreibtisch aufräumt oder einen Kasten. Du kannst ihn auch einer guten Freundin zur Aufbewahrung geben, versehen mit dem gewünschten Datum der Übergabe.

durchleben. Jetzt geht es noch nicht um tiefes Loslassen und endgültigen Abschied, wir dürfen in Dankbarkeit die geerntete Fülle, die bunten Farben und goldenen Augenblicke auskosten und Kraft schöpfen für die dunkle Jahreshälfte.

Geh so oft Du kannst hinaus in die Natur, gleichgültig wie das Wetter ist, schalt Dein Telefon aus, versuch, innere Ruhe zu finden und stell Deine Sinne klar und bewusst auf Empfang ein. Es geht nicht darum, bestimmte Vorgaben zu erfüllen, lass Dich intuitiv führen, alles sollte sich für Dich stimmig anfühlen. Verbind Dich mit der **herbstlichen Erdgöttin** und bitte sie, Dich zu geleiten und Deine Sinne zu öffnen. Lass Dir Zeit und achte auf die Zeichen.

Horch den Vögeln zu, die sich in den Wipfeln sammeln für ihre große Reise oder zwitschernd ihr Winterquartier abstecken. Vielleicht summen Bienen auf der Suche nach den letzten süßen Blüten oder reife Nüsse fallen zu Boden. Lausch auf die Geräusche rund um Dich herum.

Riech die kühle Frische der Luft, Pilze im Herbst-

RITUAL DANKBARKEITSMANDALA

- Mag sein, dass ein Gefühl der Dankbarkeit für all diese Geschenke in Dir aufsteigt, dann ruf die Göttin und all jene Kräfte herbei, denen Du danken möchtest.
- Schau Dich um, sammle Steine, Zapfen, Flechten, Samen, Nüsse, Hagebutten und bunte Blätter und mach Dich auf die Suche nach einem stimmigen Ort, an dem Du ungestört bist.
- Dann leg als Zeichen Deiner Dankbarkeit ein Mandala aus den Naturmaterialien, ein Muster, das Dir intuitiv in den Sinn kommt und sei dabei ganz im achtsamen Tun. Auch ein paar ausgezupfte Haare, eine Feder oder ein Schneckenhaus können Opfergaben sein.
- Verbind Dich mit **Demeter** und mit den Spirits von Pflanzen und Tieren, mit Naturwesen oder lichten Wesenheiten aus der geistigen Welt und formuliere aus Deinem Herzen heraus Deine Dankesworte. Du kannst auch ein Lied singen oder beten, ein Gedicht aufsagen oder tanzen, als Dankeschön für alles, was Dir geschenkt wird, für die Fülle des Lebens.

Ein Mandala gilt als Symbol für den ganzen Kosmos, für alle Lebenskräfte, die sichtbaren und unsichtbaren gleichermaßen. Betrachte das Legen des Mandalas als meditative Handlung der Dankbarkeit, als spirituelle Übung, und überlass dann Deine Opfergaben den Elementen der Natur.

laub, den Duft von reifen Früchten und feuchtem Holz.

Spür das taunasse Gras unter Deinen Füßen, das Kratzen der Triebe von Brombeeren und Heckenrosen, die Dich beim Vorbeigehen streifen, warme Sonnenstrahlen im Gesicht oder den kühlen Herbstwind auf der Haut.

Schau den Eichhörnchen beim Nüssesammeln zu, den Vögeln, die eifrig Samen aufpicken, betrachte die glitzernden Tautropfen auf Spinnweben und in Blütenkelchen, erfreu Dich an den unzähligen Farbschattierungen der Blätter und an den schwer mit Früchten behängten Bäumen und Sträuchern.

PFLANZEN DER GÖTTIN

Goldrute – Solidago virgaurea

Unsere wichtigste Heilerin bei Harnwegserkrankungen, die deshalb auch den Beinamen „Schoßkraut" trägt, gehört wie Arnika, Ringelblume und Gänseblümchen zur Familie der Korbblütler. Ihre unzähligen goldgelben sternförmigen Blüten leuchten in üppigen Trauben an Weg- und Waldrändern, bis in den späten Herbst hinein, umschwärmt von zahlreichen Insekten.

Bei den Germanen galt sie noch als bestes Wundkraut, doch seit ca. 200 Jahren wird sie in der Naturheilkunde als wirksamstes Nierenheilmittel geschätzt und bei akuten und entzündlichen Blasen- und Nierenerkrankungen angewendet. Bei Fastenkuren hilft sie die angesammelten Schlacken möglichst rasch aus dem Körper zu schwemmen, bei Rheuma zur Entgiftung über die Nieren.

In der Frauenheilkunde nimmt „Solidago" eine wichtige Stellung ein, denn sowohl als Tee, Tinktur oder homöopathisches Mittel hat die Goldrute heilende und stärkende Wirkung auf den Urogenitaltrakt. Sie kann bei kurmäßiger Anwendung die Symptome einer Reizblase lindern und Harninkontinenz zum Abklingen bringen. In der Schwangerschaft vermögen ihre Wirkstoffe Wassereinlagerungen durch verstärkte Nierentätigkeit aufzulösen. Nicht zuletzt hilft das goldgelbe Heilkraut gegen Hitzewallungen in den Wechseljahren.

Der Legende nach soll die sagenumwobene „Goldene Jungfrau" als Wünschelrute dabei helfen, Schätze zu finden, weil sich die Gnome und Zwerge als Hüter der Schätze dieser Erde ihrer Kraft nicht entziehen können.

Schafgarbe – Achillea millefolium

Die filigranen, zarten Blätter „millefolium" dieser Heilpflanze haben ihr den Namen „Augenbraue der Venus" beschert. Sie wird Venus, der Göttin der Liebe, der Harmonie und Schönheit zugeordnet, der als Organe die Nieren entsprechen und steht für Balance. Kräuter, die nach

Göttinnen benannt sind, sind immer Frauenheilkräuter, so ist die Schafgarbe auch Teil des Kräuterbuschens zu Mariä Himmelfahrt.

Auffallend bei der Heilwirkung ist das „Sowohl-als-auch“. Ihre ausgleichende Wirkung heilt innerlich und äußerlich, bringt Leib und Seele in Balance und schenkt allgemeines Wohlbefinden. Als starke Lichtpflanze wirkt sie auch auf der Seelenebene wundheilend, hellt auf und stabilisiert.

Ein Strauß frischer Schafgarbe neben dem Bett soll die Aura über Nacht vollständig reinigen. Nicht von ungefähr hat sie den Namen „Heil aller Welt“ bekommen, unsere Ahnen erkannten in ihr einen kraftvollen Schutzgeist. „Viel Unheil bliebe den Frauen erspart, würden sie ab und zu nach der Schafgarbe greifen“, sagte Pfarrer Kneipp über eines der heilkräftigsten Frauenkräuter. So lässt sich die Schafgarbe z.B. bei Blasenentzündungen äußerlich in Form von Sitzbädern und innerlich als Tee anwenden, sie durchwärmt und stärkt Niere und Blase.

Hochwirksam und krampflösend ist sie bei starken Blutungen und wirkt lindernd und antibakteriell bei Vaginalinfekten. In einem feuchtwarmen Wickel unterstützt sie die Leber bei der Entgiftung. Wie die Kamille ist die Schafgarbe ein echtes Universalheilmittel und die einzige Pflanze, die alle Schüßlersalze in sich trägt.

Das weiß rosa blühende Heilkraut wächst aufrecht, stark und ohne Ansprüche in Wiesen und an Feldrändern. Für den Tee wird die blühende Schafgarbe an sonnigen Tagen mit einer Schere geschnitten, da man beim Pflücken die Wurzel miterntet. Die zarten Blättchen schmecken köstlich im Salat, im Risotto und in Suppen oder in Kräuterbutter und Frischkäse auf Schwarzbrot. Zwischen den Fingern zerrieben kann ihr grüner Saft kleine Verletzungen erstaunlich schnell heilen. Das getrocknete Kraut wurde schon immer als Räucherwerk zum Orakeln und zur Traumarbeit geschätzt. In den Raunächten unterstützt diese kraftvolle Pflanze unsere Intuition und darf in keiner Visionsmischung fehlen.

SELBSTLIEBE LEBEN

Nichts ist so sehr von Bedeutung für unser Leben, wie die Liebe zu uns selbst. Niemand kann uns geben, was wir selbst uns nicht schenken, nichts kann auf Dauer die Lücke füllen, die mangelnde Selbstliebe in unserem Herzen hinterlässt. Wenn wir offenen Herzens durchs Leben gehen, sind wir mit unserem wahren Selbst verbunden, mit dem, was uns ausmacht.

Selbstliebe hat mit Selbstakzeptanz zu tun und bedeutet nicht Egoismus, sondern das Bewusstsein dafür, was für uns richtig und wichtig ist. Immanuel Kant meinte, es gebe eine Verpflichtung zum Glücklichsein, indem er sagte: „Wenn Du selbst nicht glücklich bist, wirst Du auch Deine Mitmenschen nicht glücklich machen. Nur das, was für Dich selbst gut und stimmig ist, wird auch für den anderen gut sein.“

Im Apollotempel in Delphi, der 400 Jahre v. Chr. erbaut wurde, wird der Pilger mit „Ei!“ begrüßt, was so viel wie „Du bist!“ bedeutet. Zunächst heißt das: „Es ist schön, dass Du bist, wie Du bist, denn Du bist einzigartig.“ Es liegt aber auch eine Aufforderung darin: „Sei DU, denn andere gibt es schon genug!“ Jedes Kind ist im Garten der Menschheit als eine Blume geboren und jede Blume ist anders als die anderen. Vielleicht möchtest Du das Mädchen in Dir umarmen, das manchmal denkt, es sei ein hässliches Entlein, ungeliebt und nicht willkommen. Es ist an der Zeit, Deine Einzigartigkeit zu erkennen und Deine Großartigkeit zu feiern! Erkenne Dich selbst und werde, was Du bist – ein Wunder der Schöpfung – achte auf Dein Geschenk und geh behutsam damit um!

ICH BIN EINZIGARTIG

- Find einen Ort der Ruhe, mach es Dir behaglich und schließ die Augen.
- Spür hin zu Deinem Atem, dem sanften Kommen und Gehen, dem Heben und Senken Deiner Brust und Bauchdecke und dann stell Dir vor, wie sich etwa auf Höhe Deines Bauchnabels Wärme auszubreiten beginnt.
- Mit jedem Atemzug wird sie intensiver und breitet sich weiter aus.
- Dein ruhig strömendes inneres Feuer steht für Energie und Sicherheit. Spür, wie dieser warme Energiefluss nun Dein Zentrum ausfüllt.
- Genieß dieses Gefühl und verbind es mit Deinem Atem: Einatmen … „Ich bin" … ausatmen… „sicher."
- Lass nun diese warme Energie höher fließen.
- Stell Dir vor, wie Deine sanfte Feuerkraft zu Deinem Herzen aufsteigt und Dein Herz durchflutet, es sanft öffnet und mit jedem Atemzug weitet.
- Genieß diese liebevolle Schwingung und wiederhol dabei innerlich: Einatmen … „Ich bin" … ausatmen… „Liebe."
- Bleib so lange dabei, wie es Dir guttut und lass Dein inneres Feuer auf Dich wirken, lass es einfach weiterbrennen.
- Erlaub Deiner inneren Schönheit nun an die Oberfläche zu treten und lad **Aphrodite** in Dein inneres Sein ein, damit Du Deine Einzigartigkeit erkennen kannst.
- Stell Dir folgende Fragen:
  - Was macht mich so besonders?
  - Was sind drei Dinge, die ich wirklich gut kann?
  - Wie definiere ich mich?
  - Was sehe ich, wenn ich in den Spiegel schaue?
  - Was mag ich an mir besonders gern?

- Atme tief in Dein Herz hinein, in Deinen heiligen Raum, und spür, wie sich eine Tür zu Deiner Einzigartigkeit auftut.
- Wenn Du dann Deine Augen öffnest, schreib mindestens zehn Dinge auf, die Dich auszeichnen, die Dich einzigartig sein lassen, die Du an Dir wirklich magst. Es gibt keine Grenzen, es können auch 20 oder 50 sein, denn Deine innere und äußere Schönheit, Deine Begabungen gibt es nur einmal. Trag diese Gaben liebevoll und achtsam in die Welt und bitte die Göttin, dass Du die Einzigartigkeit in Dir und in jedem anderen Menschen erkennen mögest.
- Jetzt ist eine gute Gelegenheit, liebevoll zu Dir zurückzukehren. Dein Verstand muss gar nicht wissen, was das bedeutet. Sprich die folgenden Sätze laut oder leise und wenn Du möchtest, leg dabei Deine Hände aufs Herz. Achte darauf, was sich verändert.
  Ich bin bereit, mich selbst zu lieben.
  Ich bin bereit, mir treu zu sein.
- Fang an, gut für Dich zu sorgen und sag jedes Mal, wenn Du Dich im Spiegel siehst, etwas Liebevolles zu Dir. Schau Dich dabei so lange an, bis Du Dir selbst gegenüber weich wirst. Gib niemals auf, erfinde Dich immer wieder neu – **Du bist einzigartig** und vollkommen!

HEILSTEIN FÜR DIE GÖTTIN DER ERNTE

Der sagenumwobene Heilstein **Grüne Jade** wurde schon im 5. Jahrtausend vor Christi als wichtigster aller Edelsteine erwähnt. In der chinesischen Kultur steht Jade für das Weibliche, für Schönheit und als Sinnbild für die fünf Haupttugenden: Weisheit, Gerechtigkeit, Barmherzigkeit, Bescheidenheit und Mut. Doch auch in beinahe allen anderen Kulturen wurde die Jade als magischer Stein verehrt, der für inneren Frieden, Gleichgewicht und Harmonie sorgt.

Jade gehört zu den wichtigsten Heilsteinen überhaupt, von ihrem ursprünglich spanischen Namen „pietra de ijada“ (Lenden- oder Nierenstein) leitet sich ihre Heilwirkung für die Nieren ab, denn sie sorgt für den Säure-Basen-Ausgleich im Körper.

Die sanften Schwingungen des Heilsteins dringen mit hoher Frequenz in unseren Organismus und bringen unseren geistigen und körperlichen Stoffwechsel in Balance. So kann er uns auf der Seelenebene mehr Ausgeglichenheit, Zufriedenheit und Lebensfreude schenken, dabei helfen, Vorurteile abzubauen und unsere Persönlichkeit zu stärken. Die erwärmende Energie der Jade kann auf all unsere Chakren reinigend und heilend wirken. Darüber hinaus wird Jade häufig als Traumstein eingesetzt, der die Fähigkeit unterstützt, Träume zu deuten.

MÜSLIMISCHUNG (VEGAN)

Zutaten:

- je 20 g Mandelblättchen und Mohnsamen
- 10 g Haselnüsse
- je 10 g geschälte Hanfsamen, geschälter Sesam, Kokoschips und Chiasamen
- 30 g geschroteter Leinsamen

Zubereitung:

- Mandelblättchen in einer Pfanne ohne Fett goldbraun rösten, abkühlen lassen.
- Haselnüsse grob hacken und ebenfalls rösten.
- Alle Zutaten miteinander vermischen.
- Nach Belieben mit Mandeldrink oder Kokosjoghurt anrichten.

Mein Tipp: eine größere Menge zubereiten und in einem Schraubglas aufbewahren.

IN DER FÜLLE LEBEN – WÜRDIGEN, WAS SCHON DA IST

Erntefeste gab es schon immer in allen Kulturen, das Erntedankfest ist vermutlich das älteste. Menschen waren abhängig von einer erfolgreichen Ernte und so galt es Gott, der Erd- oder Muttergöttin und der Natur für die Früchte des Jahres zu danken. Auch heute freuen wir uns, dass unsere Vorratskammern gefüllt sind und feiern die Schönheit, die in der Reife liegt. Jetzt ist die Zeit gekommen, zu erkennen, dass Säen und Ernten nicht nur in der Natur stattfindet, sondern auch auf seelisch-geistiger Ebene. Erntedank erinnert uns daran, unsere Projekte zu feiern, die wir erfolgreich zur Reife bringen konnten, unsere Beziehungen, die sich fruchtbar entwickelt haben, entsprechend zu würdigen. Oft genug sind wir unzufrieden, weil wir dem Negativen und dem Unerreichten zu viel Gewicht geben, uns mit anderen vergleichen, weil wir vergessen, wie viel uns in jeder Beziehung gegeben ist. Dadurch versäumen wir so viel Schönes, Wundervolles, das uns jeden Tag geschenkt wird – die Fülle des Lebens. Fülle ist eine Lebens-

einstellung, die wir lernen können. Wenn wir unsere Wahrnehmung auf die Fülle ausrichten, die immer und überall ist, gibt es keinen Mangel. Wenn wir üben, all das zu sehen, was schon da ist, was möglich geworden ist, trotz aller Schwierigkeiten, was wir erreicht haben, wenn wir regelmäßig all das würdigen, was uns geschenkt ist, können wir zu Dankbarkeit und echter Freude finden. Dankbarkeit ist das Bewusstsein, dass das ganze Leben Geschenk ist - jeder Augenblick ist ein gegebener Augenblick, alles ist Gabe. Oft ist aber unser Blick verstellt und wir nehmen nur das wahr, was uns fehlt, und bewegen uns in der Spirale des „Immer-mehr-Wollens". Wenn wir aber bereit sind, dankbar für all das Gute zu sein, das uns jeden Tag widerfährt, sind wir in Resonanz mit der Fülle.

Setz Dich entspannt hin, schließ die Augen und komm in Kontakt mit Dir, indem Du ruhig ein und ausatmest. Dann geh in Gedanken durch Deinen Alltag.
Werde Dir dabei all der Fülle bewusst, die Dich umgibt, des geschützten Raumes Deiner Wohnung und dass Du genug zu essen hast, nicht frieren musst, frei von Krankheit bist, in Frieden lebst und Dein Leben in vieler Hinsicht selbst gestalten kannst.
Werde Dir auch der Fülle bewusst, die Du in Dir trägst - Deiner Talente und Gaben und auch der vielen Möglichkeiten diese Gaben, Dein Wissen weitergeben und teilen zu können, anderen helfen zu können. Du kannst diese Fülle Superpower nennen, wenn es Dir gefällt.
Spür dann die Dankbarkeit, die Deinen Blick für das Besondere im Alltag öffnet. Dieses tiefe Gefühl, das Dir zeigt, dass Du so unendlich beschenkt bist, dass Du großzügig sein darfst, weil es Dir an nichts mangelt und Du das Gute mit anderen teilen kannst.
Mach Dir auch bewusst, dass der Dankbarkeit tiefe Freude folgt, Freude über alles, was da ist und Du so viele Dinge im alltäglichen Leben nicht mehr als selbstverständlich betrachtest.

SPÄTHERBST

ZEIT DER TRANSFORMATION

Jeder Augenblick ist ewig,
wenn Du ihn zu nehmen weißt.
Ist ein Vers, der unaufhörlich
Leben, Welt und Dasein preist.

Alles wendet sich und endet
und verliert sich in der Zeit.
Nur der Augenblick ist immer.
Gib Dich hin und sei bereit!

Wenn Du stirbst, stirbt nur Dein Werden.
Gönn ihm keinen Blick zurück.
In der Zeit muss alles sterben,
aber nichts im Augenblick.

KONSTANTIN WECKER

Samhain – Allerheiligen am 1. November

In der Herbstmitte beginnt die Natur sich in sich selbst zurückzuziehen. Die Tage werden trüb, nasskalt und immer kürzer – der November zieht ins Land. Es ist nicht mehr zu übersehen: Das Sterben hat alle Pflanzen erfasst.

Die Herbststürme haben das letzte Laub von den Bäumen gerissen, die jetzt kahl und leer am Wege stehen. Diese Zeit ist leidenschaftlich und total, es ist eine markante Phase der Verwandlung. Konnten wir im Goldenen Oktober noch Tage im Gleichgewicht der Kräfte zwischen Sommer und Winter genießen, wird nun diese Harmonie jäh zerstört. Bildlich gesprochen verlässt die Sonne die „Oberwelt" und zieht das pflanzliche Leben für die nächsten fünf Monate mit sich in die Tiefe. Nun überwiegt die Nacht, an manchen Tagen wird es gar nicht richtig hell, alles Licht schwindet in einem melancholischen Grau dahin.

„Nebelmonat" hieß früher diese Zeit, in der die Konturen verschwimmen. Der Schleier der Dunkelheit versucht Schwermut zu verbreiten, Krähen fliegen laut krächzend über die Dächer. Manchmal herrscht ahnungsvolle Stille. Es ist die Zeit der Besinnung, für Rückzug und Ruhe. Die Natur lädt uns ein, es ihr gleich zu tun, dem Bedürfnis nach Zurückgezogenheit nachzugeben, unseren äußeren Blick zu entspannen und auf Reisen nach innen zu gehen. Die heilkräftigen Kräuter, die wir in Vorratsgläser gefüllt haben und das selbst gesammelte Räucherwerk warten darauf, uns dabei zu unterstützen. Bei Müdigkeit und trauriger Stimmung bringt jetzt das Johanniskraut Licht ins Dunkel.

Die Novemberstürme, die das sterbende Laub mit sich nehmen, bringen eine radikale Veränderung mit sich, die uns bewusst macht, dass es keine Umkehr gibt. Die Blätter fallen, ob sie wollen oder nicht, es sind die Todeskräfte, die das Leben in der Natur scheinbar erlöschen lassen. Auf der Erde fault das gefallene Laub und nährt dadurch den Boden, bildet Humus für neues Wachstum. In manchen klaren Nächten verzaubert der erste Frost Blätter und letzte Blüten zu bizarren Schönheiten. In der Erde ist bereits der Same für das nächste Jahr angelegt und hinter den fallenden Blättern warten die Knospen des kommenden Frühlings. Das Alte muss gehen, damit Neues entstehen kann – dieser immerwährende Zyklus aus „Stirb und werde", die ewige Wiederkehr, ist unausweichlich.

Durch die Beobachtung der Natur kommen wir intensiver in Kontakt mit unserem Inneren, kommen zur Ruhe, um unsere wahren Bedürfnisse zu erspüren, werden uns der eigenen Vergänglichkeit bewusst. Wir können erkennen, dass etwas in uns sterben muss, wenn wir Neues erleben wollen und beschäftigen uns so mit Abschiednehmen und Loslassen. In dieser Zeit wird deutlich spürbar, dass der Tod zum Leben gehört, er ist nur die andere Seite der Medaille.

SAMHAIN

Die Kelten, die sehr im Einklang mit der Natur lebten, verzeichneten in ihrem Kalender **Samhain** als Winterbeginn, an dem sich die Tore zur Anderswelt öffnen und die Geister der Ahnen erwachen. Diese waren als Quelle der Inspiration und der Kraft willkommen, sie nahmen wieder ihren Platz unter den Lebenden ein und brachten ihnen ihren Segen.

Im Jahreskreis liegt das Dunkelheitsfest Samhain als Gegenpol dem sinnenfrohen Vollmondfest Beltane gegenüber. Diese beiden Jahreswendepunkte waren die wichtigsten im gesamten Jahreskreis. Drei Nächte lang wurde während des dunklen, unsichtbaren Mondes um den 1. November gefeiert, um des Übergangs zu gedenken. Als Symbol für das Sterben des alten Jahres wurden alle Feuer gelöscht. Alle Ahnen waren zum Fest geladen und sollten ihren Platz im Kreis der Lebenden einnehmen. Sie wurden um Rat und Beistand gebeten, den Geistwesen der Pflanzen und Tiere wurden Gaben gebracht, um diese zu achten und zu ehren. Erst das Entzünden eines neuen Feuers zeigte die Geburt des neuen Jahres an. Samhain ist der stille Beginn eines neuen Zyklus, er erinnert uns daran, dass wir mit unseren Vorfahren energetisch fest verbunden sind. An allen keltischen Hochfesten wird die Grenze zwischen den Welten durchlässiger. Jetzt können wir gut mit unseren Ahnen, mit Feen und Naturwesen kommunizieren, bis sich die Pforten am 6. Januar schließen, wenn die Sonne wieder höher steigt.

Aus spiritueller Sicht sind diese Tage nicht nur Feste des Todes und der Trauer, sie bergen auch die Hoffnung auf neues Leben in sich, wenn wir die Stille und den Abschied willkommen heißen. Die jahreszeitliche Energie des beginnenden Novembers ist die Zeit der Stille, der Dunkelheit und der Einkehr in uns selbst. So wie das Leben und die Lebendigkeit der Natur immer mehr abnehmen, dürfen auch wir uns jetzt zurückziehen. Wenn alles langsamer wird, dürfen auch wir langsamer werden, dann ist die Zeit gekommen, unsere Wurzeln und unser innewohnendes Licht zu ehren, zu hüten und zu nähren.

In unserer Kultur feiern wir zu dieser Zeit **„Allerheiligen“** und „Allerseelen“, gedenken unserer Verstorbenen und erleben in Dankbarkeit die Verbundenheit mit unseren Wurzeln. Die Kräfte der Ahnenlinien wirken energetisch weit über Generationen, darum ist jetzt ein guter Zeitpunkt, Achtung und Würdigung ins Familiensystem zu bringen. An Samhain geht es nicht nur um den Tod, sondern auch um die Chance, uns selbst zu erkennen, die ehrliche Frage zu stellen: „Wer bin ich? Was ist meine wahre Bestimmung?“ Die plutonische Zeitqualität unterstützt den Rückzug in die Innenwelt. Sie ermutigt uns, uns auf den Weg zu machen in das Dunkel unserer Seele, den Blick nach innen zu wenden, zu lauschen und die Stille zu umarmen, um schließlich das Licht in uns zu finden. Wir alle müssen immer wieder durch unsere Nächte wandern, durch den tiefen Wald unserer Gefühle und Erinnerungen, bis wir an eine Lichtung kommen. Besser wir tun es aus freien Stücken!

Zu Beltane feierten wir die liebende Göttin, die Zeit der Frühlingsgefühle, der Fruchtbarkeit und Empfängnis, zu Samhain sind Transformation und Tod als entgegengesetzte Kräfte im Spiel. Jetzt beginnt archetypisch die Zeit der dunklen Göttin, die zwischen der sichtbaren und unsichtbaren Welt vermittelt, die uns Verbindungen zwischen Vergangenheit, Gegenwart und Zukunft erkennen lässt. Sie lehrt uns die Mysterien des Lebens und der Transformation im Sterben.

Die intuitiv Heilende ist hier am Wirken, die Zauberin mit ihren medialen Fähigkeiten und übersinnlichen Begabungen, die in alten Zeiten als weise Frau respektiert, aber auch als Hexe gefürchtet war. Sie weiß um jeden Kummer und kennt die möglichen Heilungsschritte. Wir alle tragen ihren Weisheitsschatz, mehr oder weniger vergraben, in uns. In der griechischen Mythologie wurde **Hekate** als die Göttin der übersinnlichen Weisheit verehrt. Sie ist die Göttin, die an entscheidenden Wendepunkten, an Schwellen und Weggabelungen steht, die uns Hilfe ist, wenn wir uns an einem Scheideweg befinden. Wir begegnen ihr an unseren Lebensübergängen. Als „innere" Hebamme bei der Geburt wichtiger Veränderungen macht sie es uns leichter, loszulassen. Hekate ist die Göttin der Intuition, ihre Weisheit kommt aus der Erfahrung, wenn wir aufmerksam nach innen lauschen, dann spricht sie mit unserer inneren Stimme. Auch durch unsere Träume kommuniziert sie mit uns auf der Symbolebene, und bringt Botschaft aus ihrem Zwischenreich.

Sie ist Göttin des schwarzen Mondes, des Neumonds und Königin der Nacht, die mit der Unterwelt assoziiert wird. Ihre Zeit ist die Abenddämmerung, das Zwielicht an der Schwelle zwischen Licht und Dunkel, dort lüftet sie die Schleier zwischen den Welten. Am Torbogen lässt sie uns als Schlüssel zur Transzendenz in eine weitere Dimension eintauchen. An Kreuzungen, an denen drei Wege aufeinandertreffen, verkörpert Hekate den Archetyp der weisen Frau, die uns zur inneren Beraterin und Begleiterin werden kann. Sie lässt uns intuitiv spüren, wann es Zeit ist, uns in unseren heiligen, inneren Raum zurückzuziehen. Sie lehrt uns, aus einer tieferen Quelle zu schöpfen, geduldig zu warten, bis wir Klarheit finden, um weise den rechten Weg wählen zu können. Mit zunehmendem Alter weitet sich unser Blickwinkel, werden wir durch unsere Lebenserfahrungen empfänglicher für intuitive Wahrnehmungen und unsere innere Weisheit.

Das Urbild der Zauberin, der Herrscherin über das magische Bewusstsein, schlummert tief in unserem Seelenmeer. Wir dürfen der Einladung folgen, in die Tiefen vorzudringen, um unseren Schatten zu begegnen, verleugnete Anteile und das zweischneidige Schwert weiblicher Macht zu erkennen.

In der nordischen Mythologie verkörpert **Hel** die Göttin des Schattenreichs, die Königin der inneren Unterwelt. Sie ist an dem dunklen Ort, zu dem wir zumindest einmal im Leben hinabsteigen, um uns selbst zu finden. In diesen schmerzhaften Zeiten, wo uns Traurigkeit, Schicksalsschläge oder Depression quälen, steht sie uns zur Seite wie Hekate. Sie wird als Besitzerin eines magischen Kessels beschrieben, der als mächtigstes Symbol der Veränderung gilt. Er steht für den Mutterschoß der Göttin, aus dem wir wiedergeboren werden, wenn Wandlung geschehen ist. Heute noch spricht der Volksmund vom „Hexenkessel", in dem wir den Boden unter den Füßen verlieren.

Samhain ist ein günstiger Zeitpunkt, alles, was nun endgültig gewandelt werden soll, vertrauensvoll in den Kessel der Göttin zu legen, damit Altes aufgelöst werden und Neues entstehen kann. Herbstzeit bedeutet, dass wir zu uns zu-

rückfinden, ganz tief in uns selbst ankommen dürfen. Wandel gehört zum Leben, wie Tag und Nacht, wie Sommer und Winter, die Summe allen Wandels ist die Essenz des Lebens. In diesen Tagen gelingt es uns leichter als zu anderen Zeiten, das Wesen der Dinge zu berühren, in uns hineinzuhorchen und uns zu öffnen für Themen, die wir sonst gerne vor uns selbst verborgen halten. Mithilfe der Göttin **Hel** nehmen wir unser Leben verantwortungsvoll in unsere eigenen Hände, sodass wir lernen und wachsen können.

Folgende Fragen zur Selbstreflexion können hilfreich sein:

- Was hat mich das Leben durch meine eigenen Erfahrungen gelehrt?
- Welche Intentionen möchte ich für das kommende Jahr säen, die in der dunklen Zeit ruhen dürfen, um im Frühling zu sprießen?
- Bin ich bereit, mich, verbunden mit der Weisheit der dunklen Göttin, dem Transformationsprozess im Jahreskreis hinzugeben?
- Wie gut kann ich mit Trauer und Schmerz umgehen? Nehme ich mir bewusst und ausreichend Zeit zum Trauern und Weinen?
- Was hat mich in den letzten Monaten besonders beschäftigt, was ist mir unter die Haut gegangen?
- Was habe ich unwiederbringlich verloren, was gilt es zu betrauern? Habe ich ausreichend darüber geweint?
- Gibt es Themen in Bezug auf meine Ahnen, die ich klären möchte? Was in meinem Familiensystem braucht noch Aussöhnung und Heilung?
- Was in meinem Leben belastet mich so sehr, dass ich es noch vor der Jahreswende bereinigen, heilen oder loslassen möchte? Welche meiner Ahnen möchte ich um Hilfe und Segen dafür bitten?

Dieser Archetypus lebt im Märchen **„Frau Holle“**, in dem sich Goldmarie durch den Sprung in den Brunnen ihrer tiefsten, dunkelsten Gefühlswelt stellt. Dann horcht sie auf ihre innere Stimme, in Form des Backofens, und folgt ihren Eingebungen. Schließlich löst sie ihre unbewussten Blockaden, bis sie wie Schnee von ihr fallen und in Fluss kommen.

DIE DUNKLE SEITE IN MIR

Märchen und Mythen dienten von jeher als wertvolle Wegweiser auf dem Weg ins Schattenreich und wieder heraus. Die Hexe oder die böse Stiefmutter bringt Entwicklung in Gang und wird so ungewollt zur Heilerin im Sinne von Goethes Mephisto als *„Teil von jener Kraft, die stets das Böse will und doch das Gute schafft"*.

In der Psychologie werden Persönlichkeitsanteile, die wir nicht als Teil von uns annehmen wollen und zumeist verbergen, als „Schatten" bezeichnet. Der Begriff des „Schattens" stammt von dem Schweizer Psychoanalytiker und Arzt C. G. Jung. Vieles, wofür wir als Kinder kritisiert oder bestraft wurden, ist zu verborgenen Schuld- und Schamgefühlen geworden.

Schmerzen von alten Verletzungen, traumatische Erlebnisse, an die wir nicht mehr erinnert werden möchten, Gefühle wie Ohnmacht, Hass, Wut und Rache, die wir uns nicht eingestehen wollen. All das wurde tief in den Untergrund verbannt, weggesperrt. Doch weg ist nicht weg, es liegt dort schwer im Dunkeln und belastet als Schatten unsere Seele. Wenn wir nicht bereit sind, diese anzuschauen und sie verdrängen, „vergiften" sie unser Unterbewusstsein und erschrecken uns z.B. in Albträumen oder in schwierigen Begegnungen.

Wir sehen dann unsere abgelehnten Anteile bei anderen und versuchen sie im Außen zu bekämpfen. Diesen Mechanismus nennt man Projektion, so mancher Konflikt hat hier seinen Auslöser. Die eindrücklichste Erfahrung, die wir machen, wenn wir unsere Schatten zu lange missachten, ist Krankheit. Wenn uns das Schicksal zur Seite nimmt und längere Zeit krank sein lässt, wenn wir Schmerzen haben, einsam oder verzweifelt sind, finden wir leichter den Weg nach innen, zum „Wesen-tlichen". Um heil zu werden, sollten wir bewusst hinschauen, erkennen und integrieren. Wir sollten uns die Wahrheit eingestehen und damit in die Ganzheit zurückfinden.

Jetzt ist ein günstiger Zeitpunkt, um die Tore zu öffnen und freiwillig in die eigene Unterwelt hinabzusteigen. Die Göttin **Hel** lädt uns ein, die dunklen Seiten unserer Existenz zu beleuchten, in unserem Inneren mutig unsere Abgründe, unsere Schatten zu erkennen, hinter denen ungeahnte Schätze inneren Reichtums verborgen sind. Sie zeigt uns, was Macht und Ohnmacht bedeuten, sie hilft uns, uns ganz einzulassen, damit sich Angst in Vertrauen verwandeln kann und Hass in Liebe. Ihre magische Kraft schenkt uns den Mut, unsere Masken abzunehmen, um uns als die zu zeigen, die wir *wirklich* sind in all unserer Verletzlichkeit.

Die Heilerin in Dir weiß um Licht und Dunkel, Freud und Leid, Gesundheit und Krankheit und dass das Gleichgewicht der Kräfte wichtig ist, um sich ganz zu fühlen. Sie wird Dir auf Deinem Weg zur Ganzwerdung Unterstützung sein. Die folgenden Fragen mögen hilfreich für dich sein und Dich auf die Spur bringen. Lies sie in Ruhe durch, nimm dir Zeit dazu. Mag sein, dass Du Dich nur mit einer Frage pro Tag wirklich ehrlich auseinandersetzen kannst. Schreib die Antworten auf, sie werden Dich erkennen lassen.

- Was mag ich an mir überhaupt nicht?
- Über welche Themen möchte ich mit niemandem sprechen?
- Wofür schäme ich mich?
- Welcher Wahrheit muss ich ins Auge schauen? Was verberge ich in meinem „Seelenkeller"?

- In welchen Situationen bin ich kompromisslos? Wann gibt es für mich nur ein „Entweder-oder“?
- Kann ich mir eingestehen, dass ich nicht perfekt und vollkommen bin, dass auch in mir Dunkles lebt?
- Wie mutig stelle ich mich meinen ungeliebten Schattenseiten – bin ich bereit, sie zu integrieren, oder projiziere ich sie lieber auf andere?
- Welche Anteile in mir behandle ich stiefmütterlich?
- Was kritisiere ich bei anderen häufig und schnell?
- Welche Rolle spielt Sexualität für mich? Inwieweit erlebe ich sie auch im Zusammenhang mit Macht und Unterwerfung? Wie frei kann ich mit meinen sexuellen Bedürfnissen umgehen?
- Was löst das Wort „Hexe“ in mir aus?
- Bin ich bereit, der Kraft meiner inneren Heilerin zu vertrauen?

LICHT INS DUNKEL BRINGEN

Manchmal scheint es schwierig oder es schmerzt, wenn wir in unsere eigenen Abgründe schauen, wenn uns Dinge begegnen, die uns peinlich sind oder sogar verhasst. Dinge, die wir meist schon lange Zeit vor anderen und vor uns selbst verbergen, die wir verdrängt haben und verleugnet. Wenn wir auf all diese Gefühle und Erlebnisse, die wir auszublenden versucht haben, unseren Blick richten und ein wenig Licht darauffallen lassen, treten sie aus dem Schatten heraus. Damit verlieren sie etwas von ihrer Dunkelheit und Bedrohlichkeit und wir können sie leichter erkennen. Oftmals finden wir dort unsere größten Stärken und Schätze, die wir in unser Leben als neue Ressourcen integrieren können.

Solange es allerdings Aspekte gibt, die wir noch nicht angenommen haben, werden wir immer wieder Menschen begegnen, die uns gerade mit dieser Eigenschaft konfrontieren. Deshalb ist es ratsam, nicht voreilig zu verurteilen, sondern uns die Frage zu stellen: „Was hat das mit mir zu tun?“

Wer sich tiefer mit seinen Schattenseiten auseinandersetzen möchte, sollte sich für diesen Weg im ganz konkreten Sinn achtsame, therapeutische Begleitung suchen. Das Gefühl, nicht alleine in die Tiefen der Seele abzutauchen, sondern einfühlsam betreut zu werden, kann durchaus hilfreich und heilsam sein.

PFLANZEN DER GÖTTIN

Holunder – Sambucus nigra

Der Hollerbusch ist eine besondere Pflanze, die seit jeher das ganze Jahr über eine wichtige Bedeutung hat, ist sie doch Wohnsitz der **Göttin Holle**. So wie Frau Holle im Märchen Herrin über die Jahreszeiten ist, ist auch der Busch der Göttin jung und alt zugleich. Im Mai zeigt er sich als riesengroßer süß duftender Blumenstrauß, dessen zart weißen Blüten an die junge Himmelsgöttin erinnern, im Herbst hängen seine Beeren schwer und dunkelviolett als Geschenk der weisen Herrin der Unterwelt. Vorsicht ist geboten: Die rohen Beeren sind leicht giftig; gekocht oder als Saft schmecken sie allerdings köstlich.

Im alten Rom hat man seine Zweige ausgehöhlt und Flöten daraus geschnitzt, die „Sambucus“ genannt wurden. Auf ihnen spielte der Wind und lockte Elfen und Naturgeister herbei. Der Volksmund sagt, dass man vor dem Holler seinen Hut ziehen muss, um den Naturgeistern bzw. der Göttin, die in ihm wohnt, die Ehre zu erweisen. Bräuche rund um den Busch standen immer direkt mit Leben und Tod in Verbindung. So hatte jeder Bauernhof einen Hollerbusch als Wächter zum Schutz für Haus und Mensch, neugeborene Kinder wurden zum Holunder getra-

LÖSE DIE INNEREN KNOTEN

In der katholischen Kirche gibt es eine Darstellung der Heiligen **Maria** als Knotenlöserin. Es handelt sich dabei um die Muttergottes als Helferin bei der „Entknotung" von Problemen. Auf einem barocken Gemälde ist sie zu sehen, wie sie aus einem Band die Knoten löst.

- Um die inneren Knoten auch auf der konkreten Ebene zu lösen, benötigst Du ein Wollknäuel oder einen Spagat.
- Geh damit in Deinen Garten oder an einen schönen Ort in der Natur und leg dort aus Steinen, Zapfen oder Holzstücken einen Kreis.
- Dann setz Dich in die Mitte des Kreises und stell Dir vor, dass Du Deinen Lebensfaden in Händen hältst.
- Lass nun all Deine negativen Gefühle vor Deinen inneren Augen auftauchen, die Dich Zurzeit bedrücken, und mach für jedes Gefühl einen Knoten: für Missgunst und Eifersucht, für Hass und Zorn, für Deine Trauer und Wut.
- Benenne die Situation dazu und sprich sie laut aus. Dann mach Dir bewusst, dass diese Knoten Dein Leben belasten, dass sie Deine Energie blockieren und Dich daran hindern den Reichtum Deines Lebens zu leben. Wenn Du Vertrauen in Dein eigenes Leben haben kannst, brauchst Du die Gefühle des Mangels nicht mehr, denn dann bist Du in der Fülle. Dann bist Du in Deiner Lebenskraft und alles darf fließen.
- Wenn Du dazu bereit bist, lös jeden einzelnen Knoten wieder auf. Lass Dir Zeit und lös damit auch das dazugehörige Gefühl. Wenn Dein Faden frei ist, bedank Dich bei **Maria** oder der Göttin und allen Spirits an Deiner Seite und lös auch den Kreis wieder auf.

gen, um die Göttin um ihren Segen zu bitten.
Will man seine Äste schneiden, muss man um Erlaubnis bitten, schlägt man ihn um, bedeutet es Unglück und Tod. Holler wächst gerne in der Nähe von Menschen, er begleitet uns als Lebens- und als Totenbaum und ist eine wunder-volle Hausapotheke, die uns seit Tausenden von Jahren mit wertvoller Arznei versorgt. Er ist ein Geschenk der Natur mit einem enormen Reichtum an Wirkstoffen – alles an ihm ist Medizin.
Ende Oktober bis Mitte November ist die ideale Zeit, um diesen einzigartigen Busch an einem halbschattigen Standort zu pflanzen. Er wird zu einem wichtigen Begleiter, wenn wir bewusst mit ihm leben, sein Schutz sorgt auf vielen Ebenen für unser Wohlergehen.

Hagebutten – Rosa canina

Im Kinderlied steht das Männlein im Walde und hat vor lauter Purpur ein Mäntlein um. Es ist die Frucht der Wildrose, die im Hag und in der Hecke wächst, durch Vögel dorthin getragen. Ihre zarten Blüten sind verblüht und haben sich zu einem leuchtend roten Fruchtstand entwickelt, der Tier und Mensch gleichermaßen mundet. Sie enthalten hochdosiertes Vitamin C, das unser Immunsystem gerade jetzt in der dunklen Jahreszeit perfekt stärkt.
Die roten Früchte enthalten viele andere Wirkstoffe, die unsere Lebensgeister wecken und das Herz unterstützen. Hagebuttenmus gilt als Heilnahrung, ein Teelöffel davon sollte im Winter täglich eingenommen werden. Für das Mus halbiert man die Früchte, schabt die Kerne heraus, wäscht die Schalen gut und kocht sie mit wenig

Apfelsaft weich. Danach mit einem Stabmixer fein pürieren und am besten in einem Eiswürfelbehälter einfrieren. So kann das Mus portionsweise verwendet werden und schmeckt immer frisch. Die Kerne kann man waschen, damit die Härchen abgehen und dann getrocknet als Tee verwenden, um den Stoffwechsel anzuregen. Das Öl aus den Kernen gibt es im Reformhaus zu kaufen, es regt die Zellerneuerung an, nährt und pflegt trockene und reife Haut.

Salbei – Salvia officinalis

Nomen est omen – „salvare" bedeutet im Lateinischen heilen und „salvere" gesund sein. In alten Büchern wird der hohe Wert dieser Heilpflanze als magisch bezeichnet: *„Wer auf Salbei baut, den Tod kaum schaut!"* Große Kraft liegt in seinen violetten Blüten und dem Öl, das daraus gewonnen wird. Es kann auf der Seelenebene unsere Mitte stärken und uns Kraft geben in Situationen, die uns schwächen, bei Angst vor Veränderung und Lebensübergängen. Seine wunder-volle Heilkraft schenkt uns Mut zu Neuorientierung in Schwellensituationen und inneren Frieden. Salvia, die Stärkende und Heilende, ist ein universales Kraut für Leib und Seele. Als Tee eignet es sich zum Gurgeln bei Halsschmerzen und Zahnfleischentzündungen, seine Gerbstoffe stärken die Schleimhäute vorbeugend durch ihre stark desinfizierende Wirkung. In der Frauenheilkunde wird Salbeiöl in Vaginalzäpfchen angewandt, um jede Art von Infektionen zu behandeln, auch bei vermehrtem Schwitzen in den Wechseljahren ist Salbei hilfreich.

Als Räucherpflanze wirkt er stark reinigend und energetisch klärend, weshalb er in keiner Grundmischung fehlt und bis heute dazu verwendet wird, belastende Energien zu transformieren. Für tägliche Reinigung und Schutz kann man ein getrocknetes Salbeiblatt anzünden und damit morgens durch die Wohnung gehen – dies ist die einfachste Art mit klarem Kopf und innerlich ruhig den neuen Tag zu beginnen. In der mediterranen Küche werden die frischen Blätter vielfältig verwendet, eine ganz schnelle Zubereitungsart ist, sie in Olivenöl kurz wie Chips knusprig zu braten.

Sage, der weiße Salbei, wächst in Südamerika und gilt dort als heiliges Zeremonienkraut. Er wird von Heilern verwendet, um kraftvolle Rituale zu begleiten. Bei uns wird er als Räucher-

KLEINE ÜBUNG ZUR SELBSTREFLEXION

Nimm Dir Zeit, um Dich mit der Göttin **Hel** zu verbinden. Zünd eine Kerze an, räuchere, wenn Du möchtest und hüll Dich dabei in eine liebevolle Energie. Dann lass die Augen zugehen und verbind Dich mit Deinem Atem. Stell Dir nun vor, dass Du Dein Leben Revue passieren lässt und stell Dir ein paar Fragen. Nimm dabei immer den ersten aufsteigenden Gedanken wahr und wichtig und bitte die Göttin um ihren Beistand. Wenn Du Deine Augen öffnest, kannst Du diese Übung machen und auch die Fragen beantworten:

Geburt ———————————————— **Tod**

Zeichne ein, wo Du glaubst, heute zu stehen.

- Was bereue ich, in meinem Leben nicht gemacht zu haben?
- Was will ich unbedingt noch machen / erleben?
- Habe ich mein Leben bisher bewusst gelebt oder habe ich mich leben lassen?
- Was gibt meinem Leben Sinn?

bündel verkauft, das eine kraftvollere Wirkung hat als unser Gartensalbei. Weißer Salbei kann sowohl die Aura als auch Räume sehr schnell energetisch reinigen und starken Schutz aufbauen.

HEILSTEINE FÜR DIE DUNKLE GÖTTIN

Der Name des violetten Edelsteins **Amethyst** kommt aus dem Griechischen und bedeutet so viel wie „nicht berauscht" sein, „dem Rausch widerstehen können". Die alten Griechen glaubten, dass der Amethyst seinem Besitzer Standfestigkeit schenkt, um vor bösen Gedanken, Heimweh und Zauberei geschützt zu sein und dem „Rausch" auf vielen Ebenen zu entsagen. Darüber hinaus sollte er seinen Träger ermutigen, tiefgreifende Transformation zu wagen. Ein archetypisch stimmiges Bild dazu ist der Same, der bereits die ganze Pflanze in sich trägt, aber zuerst in die Erde hineinsterben, sich auflösen muss, um zu neuem Leben zu erwachen.

Im Amethyst begegnen einander Feuer und Wasser und verbinden sich zu seinem Violett. Über das Kronenchakra wirkt er besonders intensiv und stärkt die Intuition. Auf der Seelenebene weckt er unsere Spiritualität, bestärkt den Glauben und inspiriert den Geist, weshalb er in der katholischen Kirche Symbol der geistlichen Würdenträger ist. Während der Meditation vermittelt der Heilstein inneren Frieden, Hingabe und Vertrauen ins Leben.

In der Antike galt der **blaue Saphir** als Stein der Weisheit und der Treue, als Symbol des Magischen und stand für das Überirdische. Nicht nur Hildegard von Bingen, auch Könige und Bischöfe verwendeten ihn als Schutz- und Heilstein. Heute noch wird der Edelstein für seine besonders starke Energie geschätzt. Seine hohe Frequenz dringt tief in Körper, Geist und Seele ein und sorgt auf höchster Ebene für eine stark harmonisierende Verbindung. Auf der Seelenebene wirkt der blaue Saphir als Lichtbringer für alle Chakren, besonders intensiv über das Dritte Auge. Er gilt als transformierender Stein, der das Erkennen und Verstehen fördert und uns treuer Beschützer sein kann.

ALTES LOSLASSEN MACHT FREI

Anhaften verursacht Leid, lehrt Buddha, deshalb sollten wir uns immer wieder bewusst im Loslassen üben. Die Vergangenheit ist vergangen, was vorbei ist, ist vorbei. Also gilt es, sich von Ballast zu befreien, Verbrauchtes und Überlebtes loszulassen und so Raum zu schaffen für einen Neubeginn. Es braucht eine klare Botschaft, dass wir bereit sind, die Weichen zu stellen für Neues, für Veränderung und Entwicklung.

- Sei mutig und werde aktiv! Gib Altes weg, trenn Dich von Dingen, die nicht mehr zu Dir gehören, räum alles aus dem Weg, was sich überlebt hat: alte Kleidung, negative Einstellungen, schal gewordene Träume, tote Beziehungen. All das raubt Energie, belastet und blockiert Dich mehr als Dir lieb ist.
- Such Dir einen ruhigen Ort, leg oder setz Dich bequem hin, atme sanft und entspann Dich.
- Schließ Deine Augen und lass mit dem ersten aufsteigenden Gedanken jenen Ballast Deines Lebens auftauchen, der jetzt gehen darf. Was meldet sich als Erstes?
  Sind es Gewohnheiten, Erinnerungen oder Gedanken?
  Gibt es Verhaltensmuster, die Du endlich loslassen kannst?
  Wie steht es um die materiellen Dinge, Deine Kleider, Schuhe, Bücher, Fotos, Deine „Sammlungen" in Keller oder Speicher?
  Frag Dich auch ehrlich, wie es in Deinen Beziehungen aussieht. Wen hast Du z.B. in Deinem Telefon gespeichert, ohne überhaupt noch Kontakt zu haben? An welchen Freundschaften hältst Du fest, obwohl sie den Namen nicht mehr verdienen? Wem trägst Du schon lange etwas nach?
- Entscheid nun ganz bewusst, was Du weggeben kannst, weil es sich ein für alle Mal überlebt hat. Es geht hier ausschließlich um das Zuviel, um Abgelebtes, Unnützes, Dinge, die ihre Kraft verloren haben und den Energiefluss blockieren.
- Wenn Du Deine Augen öffnest, schreib eine Liste mit Deinen Erkenntnissen. Wenn Du möchtest, bitte **Hekate** um ihren Beistand, vertrau Deiner Intuition und lausch Deiner inneren Stimme.
- Bedank Dich anschließend für die Gelegenheit, das Loslassen üben zu können, denn in ihm liegt die große mitreißende Kraft aller Transformation.

- Nimm Dir für die nächsten zwei bis drei Wochen täglich einen kleinen Bereich Deiner Wohnung vor. Mach aus dem Wegwerfen oder Verschenken ein kleines Loslassritual, indem Du jedes Ding noch einmal würdigst und Dich liebevoll von ihm verabschiedest. Lass auch mögliche Angst los, die Dich vielleicht am Loslassen hindert.
- Schreib alle belastenden Gefühle, Gedanken und Beziehungen auf verschiedene Zettel. Öffne Deine inneren geballten Fäuste, damit Deine Hände frei werden für Neues, Fremdes und für Dein Glück.
- Dann entzünd in einem Kessel ein Feuer und verbrenn diese nach und nach in einem kleinen Feuerritual. Übergib alles den Flammen, was Dir nicht mehr dient, und bitte die Göttin **Hel** um Transformation.
- Nimm Dir auch dafür mehrere Tage Zeit und lass ganz bewusst alles los, was Dir nicht mehr guttut. Als Geschenk für Deinen Mut wirst Du mehr Raum, mehr Luft zum Atmen und das Gefühl von Leichtigkeit bekommen.
Sei liebevoll und geduldig mit Dir, Heilung braucht Zeit.

HEKATES „ZAUBERTRANK"

„Komm vertrauensvoll zu mir, wenn Du an einer Wegkreuzung in Deinem Leben angekommen bist und nicht weißt, was zu tun ist. Halt inne, Entscheidungen brauchen ihre Zeit und Stille, damit Du Deine innere Stimme hören kannst. Ich bin an Deiner Seite als tiefe intuitive Weisheit. Vertrau darauf, dass Du den richtigen Weg finden wirst und Dir in der tiefsten Dunkelheit ein neues Licht zukommen wird." So lautet die Botschaft von **Hekate**. Wenn Du die Möglichkeit hast, geh in der Abenddämmerung hinaus in den Garten oder an einen geeigneten Platz in der Natur und zünd ein Feuer an. Stell einen Kessel mit Wasser darauf und sammle verschiedene Kräuter. Horch dabei auf Deine Intuition und schneid nur die Kräuter, die Dich „ansprechen". Auch Rindenstücke kannst Du nehmen, Harztropfen von Baumstämmen und trockene Wurzeln. Sollten keine geeigneten Kräuter mehr zu finden sein, nimm von Deinen gesammelten Schätzen etwas mit. Nun gib alles in den Kessel, gib symbolisch all Deine Zweifel und Ängste dazu und lass sie zusammen in diesem Topf köcheln.

Bitte nun die Göttin, sich zu Dir zu setzen, lausch dem Feuer und rühr mit einem Stock Dein Gebräu um, langsam und stetig wie in einer Meditation. Stell Dir dabei vor, dass sich in diesem Rühren alles vermischt, Altes sich auflöst. Schau in die Flammen und in Deinen Kessel, rühr ohne Unterlass und spür dabei die Ruhe, das Alte, das Neue, die ewige Wiederkehr. Stell nun die richtigen Fragen und warte auf die Antworten von Hekate. Vielleicht wird Dir jetzt bewusst, dass es kein Richtig und Falsch gibt und damit auch keine falschen Entscheidungen? Du darfst mit jeder Schwierigkeit Erfahrungen sammeln, die Du brauchst, um ein Stück zu wachsen. Der beste Weg muss nicht der kürzeste sein! In jedem Augenblick Deines Lebens kannst Du Dich neu entscheiden. Alles, was Du dazu brauchst, ist Mut. Mut, Deiner inneren Stimme zu vertrauen, Mut Deinen inneren Kompass zu justieren. Mut all das loszulassen, was nicht mehr zu Dir gehört, um endlich Deinem innersten Stern zu folgen, Deinen ganz eigenen Herzensweg zu gehen und Deine Träume zu leben. Sei gewiss, es gibt immer einen Weg, immer!

Wenn Du spürst, dass die Zeit gekommen ist, Dein Ritual zu beenden, bedank Dich und bitte die Göttin **Hekate** als weise Ratgeberin, von nun an an Deiner Seite zu bleiben. Lösch das Feuer und stell den Kessel mit Deinem „Zaubertrank“ beiseite. Wenn er abgekühlt ist, kannst Du etwas davon in ein kleines Fläschchen füllen und zu Hause bei Deinem Räucherwerk aufbewahren. In schwierigen Situationen, in denen Du keinen Rat weißt, keinen Weg findest, können Dich 2–3 Tropfen davon mit Hekates Weisheit verbinden. Vielleicht genügt es auch, das Fläschchen einfach nur in Deinen Händen zu halten.

HOLLERKOCH – EIN ALTES FAMILIENREZEPT (VEGAN)

Zutaten:

- ½ l gerebelte Holunderbeeren
- 250 g reife Bauernzwetschgen
- 1 Boskopapfel
- 80 g Rohrohrzucker
- Schwarzbrotrinde
- Schale von ½ Bio-Zitrone
- 2 Gewürznelken
- Wasser
- ein Schuss Rum (nach Belieben)

Zubereitung:

- Die Holunderbeeren mit den entkernten geschnittenen Zwetschgen und den geschälten Apfelspalten zusammen mit dem Rohrohrzucker, der Brotrinde und Zitronenschale in einen Topf geben und mit Wasser auffüllen.
- Aufkochen und so lange köcheln lassen, bis die Zwetschgen und Apfelspalten verkocht sind.
- Zuletzt einen Schuss Rum dazu geben, Nelken und die Zitronenschale entfernen.
- Gut gekühlt servieren.

Mein Tipp: Hollerkoch lässt sich gut einfrieren und im Winter genießen – eine Prise Zimt wärmt!

WINTERBEGINN

WIEDERGEBURT DES LICHTS

Ich glaube, dass wir einen Funken jenes ewigen Lichts in uns tragen,
das im Grunde des Seins leuchten muss
und welches unsere schwachen Sinne nur von Ferne erahnen können.
Diesen Funken in uns zur Flamme werden lassen
und das Göttliche in uns zu verwirklichen,
ist unsere höchste Pflicht.

JOHANN WOLFGANG VON GOETHE

Wintersolstitium am 21. Dezember

Nun sind wir am dunkelsten Punkt im Jahreskreis angelangt. Die Nächte sind doppelt so lang wie die Tage, die Natur hat sich vollständig ins Innere der Erde zurückgezogen. Das Herz der Erde ist nicht tot, leise schlägt es noch, auch unter Schnee und Eis.

In dieser stillsten, dunkelsten Zeit des Jahres vollziehen sich im Verborgenen, für unsere Augen unsichtbar, kraftvolle Prozesse. Kräfte werden in der Stille gesammelt und erneuert, der Wiederaufstieg von Leben und Licht in der Wintersonnenwende wird vorbereitet. Die Adventszeit lud uns zu Besinnung, zu Einkehr und Stille ein. Von Woche zu Woche wuchs unsere Sehnsucht nach Licht, Kerzen oder Kaminfeuer halfen uns durch die Dunkelheit zu gehen. Advent heißt Ankunft. Es ist die Zeit der Erwartung des inneren Lichts, der Sammlung und Ausrichtung, aber auch der Hoffnung und Vorfreude.

Das **Wintersolstitium** – „Sol-Stitium“ heißt Stillstand der Sonne – ist ein großes Fest in allen alten Kulturen, an dem das wiedererwachende Licht und damit die Sonne verehrt wird. Nicht verwunderlich, ist sie doch die Quelle der Energie, aus der alles Leben auf Erden seine Kraft bezieht. Die Rückkehr des Lichts war für die Kelten „Yule“, auch „Mittwinter“ genannt, und eines der vier großen Sonnenfeste im Jahreskreis. Die keltischen Feiertage sind eng verbunden mit dem Jahreszyklus der Natur. Sie markieren die Sonnen- und Mondphasen sowie den Übergang der Jahreszeiten: vom Frühlingserwachen über die Zeit des Überflusses im Sommer und die Ernte im Herbst bis hin zu Ruhe und innerer Einkehr im Winter.

Das Christentum hat die römische und griechische Sonnenverehrung aufgegriffen und sie mit Jesus Christus verbunden. Daher wird zu Beginn des Tages im Morgenlob (Laudes) und am Ende des Tages im Abendlob (Vesper) die Sonne besungen, die wie Christus aufgehen soll in unseren Herzen, um daraus alles Dunkle zu vertreiben.

„Die Mitte der Nacht ist der Anfang des Tages“, heißt es in einem alten christlichen Hymnus. Dieser heilige Moment schenkt uns ein Symbol der Hoffnung, dass das Leben weitergeht und in jedem noch so dunklen Augenblick inneres Licht geboren werden kann. Es ist die weihevolle Nacht, die vom Licht geweihte Nacht, in der das Licht wiedergeboren wird. Darum feiern die Christen Weihnacht als Geburtstag von Jesus Christus – dem Licht der Welt – der für Hoffnung, Wiederkehr und Erlösung steht.

Zur Wintersonnenwende am 21. Dezember steht die Sonne so tief am Horizont wie an keinem anderen Tag, sie steht scheinbar still und verströmt nur noch spärlich ihr Licht. Es ist die längste, tiefste, dunkelste Nacht des Jahres, der Umkehrpunkt im Sonnenjahr, der eigentliche Jahreswechsel. In der Tiefe dieser Nacht wird das Licht geboren. Die Sonne, deren Licht vom Sommer über den Herbst zum Winter immer spärlicher geworden ist, kehrt zurück und gewinnt nun wieder an Kraft. Unsere Hoffnung auf ein Wunder in dieser besinnlichen Zeit erfüllt sich. Das Licht kommt zurück!

Bis zum **Thomastag** am 21. Dezember musste in früheren Zeiten alle Arbeit abgeschlossen sein. Dieser Tag lädt uns zum bewussten Präsentsein und In-die-Stille-Gehen ein. Es beginnt nun die Zeit, in der die Zeit stillsteht – die Zeit des Inne-

haltens und der Stille, um uns den Geheimnissen des großen Zyklus anzunähern. Einmal einen ganzen Tag lange nichts zu tun, ist uns im Alltagsgetriebe bereits fremd geworden. Das Wesen dieses Tages ist es, Stille zu finden und zuzulassen, er schenkt uns Mußestunden, um uns mit Achtsamkeit in die Zeit zwischen den Jahren einzustimmen. Nur wer glauben kann, hat auch Hoffnung, dass sich etwas zum Guten wendet. Die Sonnenwende mag uns an die vielen Wendepunkte in unserem Leben erinnern, die immer eine Zeit der Wandlung sind. So können wir heute die verschiedenen Wendezeiten unseres Lebens reflektieren und beten, dass sich in unserem Leben alles zum Guten wende. Mit der Rückkehr des Lichts ist es an der Zeit, uns von Verbrauchtem zu lösen, sowohl im energetischen wie auch im materiellen Sinne. Jetzt ist eine Zeit der Einkehr, der Weihung und Segnung dessen, was sich im neuen Jahreszyklus offenbaren wird. Es tut gut, nun für Ordnung und Klarheit zu sorgen, nutzlos Gewordenes zu verabschieden und energetischen Ballast durch Räuchern aus den Räumen zu lösen. Segne danach Dein Zuhause und alle Lebewesen, die darin leben!

Die Natur macht es uns vor: alles schläft – scheinbar – viele Tiere halten Winterschlaf, die Bäume haben ihre Säfte bis tief in die Wurzeln zurückgezogen. Hier sind sie geschützt und sicher vor dem Frost, um die gespeicherte Kraft im Frühjahr in frischen Knospen wieder nach außen zu bringen.

Manche Pflanzen beginnen erst jetzt zu blühen, wie das Heidekraut und die Christrose und nur die Immergrünen zeugen noch vom Leben. Genauso können auch wir die Dunkelheit und Stille nutzen, um wieder zu neuen Kräften zu

kommen nach einem erfüllten Jahr. Jetzt ist ein guter Zeitpunkt, unseren Kontakt zur Erde zu überprüfen bzw. zu erneuern. Erden können wir uns gut über die Nahrung. Wintergemüse, besonders Wurzeln, Eintöpfe, lange geschmorte oder gebackene Gerichte, wärmende Gewürze, all das gibt uns in der kalten Zeit die nötige Kraft. Auch helfen uns Imaginationsübungen wie z. B.: fest verwurzelt wie ein Baum zu stehen und kraftvolle Energie aus dem Boden zu schöpfen".
Die Erde scheint nun zum Kristall geworden zu sein, doch ganz stirbt das vitale Leben auch im Winter nicht. Tief drinnen im Schoß von Mutter Erde ruht das Samenkorn des kommenden Jahres und geht das Leben seiner Erneuerung entgegen. Der wesentliche Aspekt des Wintersolstitiums ist der „Keim des Neuen", der Keim für die neue Jahresaufgabe, die sich zu Lichtmess am 2. Februar als Vision zeigen wird. Daraus hat sich das Orakeln entwickelt (wie z. B. das Bleigießen zu Silvester), um einen ersten Blick auf das Neue zu erheischen.
Doch wie draußen in der Natur braucht auch unser innerer Keim Ruhe und Dunkelheit, um zu reifen – ein „Lassen", kein „Tun", vielleicht die schwierigste Aufgabe in unserer umtriebigen, lauten Welt.
Nutzen wir die „Stille Zeit", um Kraft zu schöpfen! Es ist eine fruchtbare Zeit und das Wundervolle daran ist: Wir brauchen nichts dafür zu tun,

alles geschieht von ganz alleine. In der Zeitqualität der Wintersonnenwende verändert sich die Energie. Wir werden feinsinniger, horchen mehr nach innen und spüren eine tiefe Verbundenheit zu Natur und Dunkelheit.

Jetzt beginnt eine Zeit der achtsamen Stille, in der wir uns gerne zurückziehen, meditieren, sinnieren, lange Spaziergänge machen, Rückschau halten, aufschreiben, bewusst Bilanz ziehen. Urprinzipiell herrschen hier die Hüterinnen der Schwelle zwischen Zeit und Ewigkeit, Leben und Tod, die großen Göttinnen, die dafür sorgen, dass alles einmal zu Ende geht. Sie lassen uns nach innen schauen, das Wesentliche erkennen und Ordnung schaffen. Der strenge Winter und dieser Archetyp geben uns die Gelegenheit, unsere Kräfte in der Stille zu sammeln und zu erneuern, unsere Grenzen neu zu bestimmen und bewusst Klarheit in unser Leben zu bringen, uns auf das Wesen-tliche zu reduzieren.

Die Göttin wandelt sich nun zur Allwissenden und Weisen Alten, die den Zyklus des Lebens viele Male durchschritten hat und an der Schwelle zu einem Neubeginn steht. Sie verkörpert Weisheit, Spiritualität, Gelassenheit und Stille. An Samhain war sie die Heilerin, die die Wege der Transformation kennt, zu Lichtmess wird sie eine Vision dessen vor Augen haben, was im Entstehen ist. Nun ist sie als Hüterin der Schwelle Mittlerin zwischen der inneren und der äußeren Welt, konzentriert auf das innere Leben. Sie hütet die Grenze zwischen Tod und Wiedergeburt und lehrt uns, dass das eine das andere bedingt und nur eine Facette des großen Ganzen ist. Sie wurde von unseren Urahnen als die Große Mutter verehrt, als die Erdmutter **Gaia**, die sie in der sich stetig wandelnden Gestalt des Mondes verehrten.

Im zunehmenden Mond des Frühlings sahen sie das Mädchen, die Göttin der Fülle verehrten sie im Sommer; in der dunklen Zeit des Neumondes zieht sie sich in die Erde zurück, um im Frühling wieder neu geboren zu werden. Dieser große Reigen des Lebens entspringt der Urkraft der Großen Göttin. Archetypisch ist hier **Hestia**, die griechische Göttin der inneren Weisheit, zu Hause. Hestia ist, wie Artemis und Athene, eine der drei jungfräulichen Göttinnen, allerdings ist sie als Archetyp der weisen Frau introvertiert.

Ihr Symbol ist der Kreis, sie fühlt sich ganz, wie sie ist. Als Göttin des heiligen Feuers spendete sie in Form von Flammen Licht und Wärme und war ohne Persona, ohne menschliche Gestalt. Hestias Herdfeuer war das warme, sichere Zentrum eines jeden Tempels, eines jeden Hauses – innerste Quelle intuitiver Weisheit. Die Römer verehrten sie als Göttin Vesta, deren heiliges Feuer von Jungfrauen, den Vestalinen, gehütet werden musste.

Jahrtausende lang war Feuer als einzige Lichtquelle in der Dunkelheit von unschätzbarer Bedeutung für den Menschen. Dazu schenkte es auch das Gefühl von Gemeinschaft, Familie und Geborgenheit, denn am Feuer wurde gekocht und gemeinsam gegessen. Das symbolische Feuer der Göttin ist das Zentrum unserer Seele, eine innere Präsenz, die unsere spirituelle Mitte erhellt und wärmt, die uns eins sein lässt mit uns selbst.

„Focus", das lateinische Wort für „Herd", deutet darauf hin, dass wir unsere Mitte durch regelmäßige Meditation finden können. Die Göttin des Herdfeuers eröffnet uns den Zugang zu meditativer Weisheit, zu dem unfassbar Grenzenlosen tief in uns, wenn wir unseren Blick nach innen richten und zur Stille in uns heimkehren. Jetzt ist die richtige Zeit dazu, uns in Hestias Raum zurückzuziehen, zu reflektieren, Bilanz zu ziehen, über Veränderungen zu meditieren und uns um unser inneres Feuer zu kümmern.

Auf eine alte keltisch germanische Göttin bzw. Sagengestalt dürfte **Perchta** oder auch Frau Percht, „die Glänzende" oder „Leuchtende", zurückgehen. Sie ist die Göttin des Wintersolstitiums, des Mysteriums, an dem die Sonne stillsteht, und auch der Mitternacht. Sie wird aber nicht nur an diesem Tag gefeiert, ihre Festtage sind die heilige Zeit der Raunächte, eine besondere Zeit, die Zeit zwischen den Jahren, in der alles anders ist als sonst.

Als Mutter der Luft ist sie Anführerin der „Wilden Jagd", der wilden Winterstürme während der Raunächte, die Segen und Fruchtbarkeit bringen sollen. Im Alpenraum ist sie die Urmutter, die Frauen und Kinder beschützt und den Frauen gebietet, die Arbeit ruhen zu lassen – eine Auszeit zu nehmen, um achtsam das Neue zu erwarten, würde man heute sagen. Deshalb wurde in alten Zeiten nicht gesponnen, sondern es wurden an den langen Abenden Geschichten erzählt und die Muttergöttin geehrt, während draußen der Wind ums Haus heulte und sein orkanartiges Brausen erschauern ließ. Immergrüne Winterhölzer wie der Efeu sind ihre Pflanzen, Ilex und Eibe mit ihren roten Beeren schmücken nun die Häuser. Wenn wir Perchta ehren, verbinden wir uns mit der Urkraft der Elemente und erkennen, dass es auch in uns wilde Kräfte gibt, die Klarheit und innere Wahrhaftigkeit fordern.

Es ist nun die Zeit des Winterschlafes, in der wir einfach nur sein dürfen, still werden und unsere Visionen erträumen, die zu Imbolc geboren werden. Die Göttin der Luft eröffnet unsere spirituelle Welt, wenn wir uns durch bewusstes Atmen und durch Gesang mit ihrem Energiefeld verbinden. Zu keiner anderen Zeit im Jahr wird so viel gesungen wie im Advent und um Weihnachten. Gleich-gültig, ob wir Weihnachtslieder singen, ein Mantram anstimmen, laute Gebete sprechen oder einfach den Namen der Göttin tönen: Der Klang kann uns innerlich nähren und stärken.

Folgende Fragen zur Selbstreflexion können hilfreich sein:

- Bin ich bereit, mir eine Auszeit zu nehmen, um mich mit meiner ureigenen weiblichen Kraft zu verbinden?
- Kann ich das „Spinnrad" für die Zeit zwischen den Jahren anhalten, zur Ruhe kommen, mich diesen besonderen Tagen einfach hingeben?
- Suche ich regelmäßig meinen inneren heiligen Ort auf, in Stille, in Meditation?

- Nehme ich mir regelmäßig Zeit, meine Aufmerksamkeit nach innen zu richten und über anstehende Veränderungen zu meditieren?
- Wie gut sorge ich für meine innere Quelle des Lichts und der emotionalen Wärme?
- Nehme ich meinen Körper als Tempel wahr? Gebe ich ihm entsprechende Wertschätzung durch ausgewogene Ernährung, Bewegung und Entspannung?
- Was inspiriert meine Visionskraft? „Spinne" ich ab und zu?
- Bin ich gut vorbereitet auf den Beginn eines neuen Jahreszyklus?

MÜTTERNÄCHTE UND HEILIGE NÄCHTE

Die beiden besonderen Zeiträume werden regional unterschiedlich gefeiert. Alten Überlieferungen zufolge ist die Zeit der **Mütternächte** zwischen der Wintersonnenwende am 21. Dezember und dem 25. Dezember, unserem Christtag. Die längste, tiefste Nacht galt bei den Germanen als die Mutter aller Nächte, in der die Erdgöttin aus ihrem dunklen Schoß heraus das Sonnenkind gebar.

Diese Mütternächte waren Mutter Erde und den Frauen in ihrer Schöpfungskraft gewidmet. Als alter Brauch werden Kirschzweige am 4. Dezember, dem Barbaratag, in die Vase gestellt, damit sie in der Mütternacht erblühen. In der christlichen Kultur ist Maria die Mutter des Lichtkindes, die Mutter Gottes und die Barbarazweige erblühen in der Heiligen Nacht.

In den Mütternächten können wir uns gut mit unserer weiblichen Ahnenlinie verbinden, gleich-gültig, ob es die biologische oder die Linie des Herzens ist, mit unseren Müttern, großen Müttern, weisen Urgroßmüttern, mit mütterlichen Freundinnen, mit allen Frauen, die uns nah am Herzen sind, mit denen wir uns verbunden fühlen. Als heilsames kleines Ritual könnten wir für jede dieser Frauen eine Kerze entzünden, in liebevoller Wertschätzung.

Mit Weihnachten beginnen die **Raunächte**, das sind die zwölf heiligen Nächte, die symbolisch für die zwölf Monate im Jahr stehen. Man nennt sie die Zeit zwischen den Jahren, geschenkte Zeit oder auch Schwellenzeit, in der die Schleier zu den anderen Welten sich lüften und Dunkel und Licht, Altes und Neues, Vergänglichkeit und Ewigkeit ineinanderfließen.

Alte Strukturen werden jetzt aufgebrochen, damit neue entstehen können. Ihren Ursprung haben die Heiligen Nächte in den beiden unterschiedlichen Zyklen der Natur, dem Lauf des Mondes und der Sonne. Zwölf Mondmonate haben 354 Tage, das Sonnenjahr hingegen zählt 365 Tage. Die Differenz von 11 Tagen bzw. 12 Nächten gilt von jeher als eine besonders magische Zeit. Je nach Region und Brauchtum variiert allerdings die Anzahl der Nächte und auch ihr Beginn.

Jede Raunacht beginnt um Mitternacht, umfasst den ganzen Tag und endet um Mitternacht, wobei die Übergänge fließend sind und sich nicht genau mit der Uhr messen lassen. Mit einem logischen, linearen Zeitverständnis sind diese besonderen Nächte nicht zu erfassen. In früheren Zeiten verbrachte man die Raunächte im Kreise der Familie, um alte Weisheiten weiterzuerzählen und Einkehr zu halten. Das Orakel wurde befragt, um Sicherheit und Vision für das kommende Jahr zu erhalten. In vielen Kulturen gab es für die Zeit der Wandlung Rituale, die die Menschen in den neuen Zyklus begleitet haben. Diese Rituale halfen, sich vom Alten zu lösen, erlaubten eine Zeit der Einkehr und Besinnung und schenkten das nötige Wissen über das Neue.

Schwellenzeiten sind immer ungewiss, wir haben aber kaum mehr Rituale, die uns an den Übergängen helfen, deshalb müssen wir sie in unserem Inneren vollziehen. Dabei sollten wir uns nicht unter Druck setzen, ganz im Gegenteil. Der Zauber dieser Zeit lässt sich nur mit dem Herzen erfassen, nicht vom Verstand her, es gibt dafür kein Rezept und keine Anleitung, jeder darf seinen ganz individuellen Weg für diese innere Reise finden. Es gibt kein Richtig und Falsch, wir dürfen uns von unserem eigenen Gefühl leiten lassen, in die Stille gehen und offen sein für alles, was kommt. Und – wir können unsere Kräuterschätze verräuchern und Perchtas Namen chanten, auf dass sie uns zur Seite stehe.

Es mag verwundern, dass es so viele unterschiedliche Interpretationen gibt, wann die Raunächte beginnen und welche Bedeutung jede einzelne hat. In alten Zeiten gab es die dunkle und die helle Jahreszeit, die dunkle Zeit wurde auch als „Nächte" bezeichnet. Insofern beschreibt „eine Nacht" in der Winterzeit durchaus 24 Stunden, dennoch gibt es natürlich eine Tages- und eine Nachtzeit. In der Nachtzeit war Perchta mit der Wilden Jagd unterwegs, diese erleben wir heute manchmal noch in unseren Träumen.

Während des Tages hielten die Menschen Ausschau nach Zeichen, sie beobachteten den Wind, das Wetter, das Verhalten der Tiere und alles, was ihnen auffällig erschien. Nichts anderes tun wir heute auch, nur dass wir im Außen und im Innen Ausschau halten, dabei dürfen wir uns in Gelassenheit üben, einfach Beobachter sein – nichts erwarten, jedoch dankbar sein für alles.

Nach alten Überlieferungen steht jede Raunacht für einen Monat des neuen Jahres, deshalb wurde in alten Zeiten jeder dieser Tage genau beobachtet und gedeutet. Verwende dazu ein Tagebuch, halt immer wieder inne und nimm achtsam und bewusst wahr, was sich in den kommenden zwölf Monaten für Dich ändern darf. Gib den Gedanken und Gefühlen Raum, die Dich an diesen Tagen begleiten und setz bewusst Deine Samen für das kommende Jahr. Dann lass Dich mit offenem Herzen auf den besonderen Zauber ein, der in der Luft liegt. Geh in die Natur, stell Fragen und warte – Du wirst Zeichen und Antworten bekommen. Lass Wunder in Deinem Leben zu!

MORGEN- UND ABENDRITUAL – ZEIT ZUM ORAKELN UND TRÄUMEN

Die heiligen Tage zwischen den Jahren eignen sich besonders gut zum Orakeln, Beobachten und zum ausgiebigen Räuchern. Belastende Energien des vergangenen Jahres können damit bereinigt und so kann Raum für Neues geschaffen werden. Alles, was Du dafür brauchst, sind verschiedene Kartendecks und Räucherwerk, das sowohl schlaffördernd ist als auch Deine Intuition und das Träumen unterstützt, Dein Tagebuch, Notizblock und einen Stift. Sorg dafür, dass Du in dieser Zeit ungestört bist und gewöhn Dir einen wiederkehrenden Ablauf für Dein Ritual an.

- Öffne vor dem Zubettgehen das Fenster, verräuchere Deine ganz persönliche Traummischung und bitte um einen für Dich wichtigen Traum.
- Hör auf Deine innere Stimme und wähl das passende Räucherwerk intuitiv. Deine Absicht für das Ritual ist wesentlicher als die Wahl des Duftes!
- Verwahre die Räucherschale danach an einem sicheren Ort, schließ das Fenster und leg Dich mit der festen Absicht zu Bett, im Traum Antworten zu bekommen. Leg Notizblock und Stift griffbereit auf Dein Nachtkästchen.
- Versuch am nächsten Morgen Deinen Traum zu „fangen“, indem Du beim Erwachen rasch die ersten Gedankenfetzen, die Du noch erinnern kannst, aufschreibst. Das braucht etwas Geduld und Übung. Achte auch darauf, was Dir ganz spontan dazu einfällt und vertrau Deiner Intuition.

→

- Später am Tag hast Du Zeit, über den Traum zu reflektieren, über die Handlungen und Personen und vor allem über Deine Gefühle. Betrachte das Gesamtbild Deines Traums und versuch daraus das Thema der Nacht abzuleiten, z. B. Ohnmacht, Grenzen setzen, Vergebung…
- Wähl danach ein passendes Kartendeck und zieh eine Karte als Orakel – Du kannst täglich ein anderes nehmen, horch wieder auf Deine Intuition! Schließ zuerst Deine Augen, atme ein paarmal ruhig ein und aus und zieh dann mit der linken Hand intuitiv eine Karte. Schreib die Botschaft in Dein Tagebuch.
- Mach Dir untertags Notizen in Deinem Tagebuch, alles, was Dir auffällt, was Dich beschäftigt, Deine Stimmung, besondere Begegnungen, Gedanken … Setz Dich abends ruhig hin und lass den Tag Revue passieren, dann zieh in einem Satz Dein Resümee und schreib es auf.

Ein Tagebuch kann eine unerschöpfliche Quelle der Einsicht in Deine innere Welt sein, selbst wenn Du anfangs einige Selbstdisziplin brauchst, um es regelmäßig zu führen. Wenn Du es zum täglichen Ritual werden lässt, Dir Deine Gedanken, Sorgen, Freuden, Erkenntnisse von der Seele zu schreiben, wirst Du bald eine ganz andere Sicht auf diese Zeit gewinnen. Die Augenblicke des Schreibens lassen Dich bewusst einen Schritt zurücktreten und Dich fragen, wie es Dir geht, was Du fühlst. Schreib einfach ein paar Sätze, wichtig ist das feste Integrieren in Deine tägliche Routine. Gleich-gültig, ob Du gleich morgens einen Traum einfängst, spontan untertags einen Geistesblitz festhältst oder ein schönes Abendritual daraus machst, es ist immer der perfekte Moment für Selbstfürsorge.

Wiederhol dieses Ritual mit Räuchern, Traumfangen, Orakeln und Schreiben nun jeden Abend bzw. Morgen während der Raunächte. In dieser besonderen Zeit haben Träume prophetische Kraft und jede Nacht spiegelt einen Monat des kommenden Jahres wider. So stehen die Träume in der Nacht vom 25. auf den 26. Dezember für den Jänner des kommenden Jahres usw.

Träume sind Reisen in die Zwischenwelt, in tiefere Tiefen und höhere Höhen, dorthin, wo Heilsames auf uns wartet. Sie können uns Verborgenes zeigen und mit archetypischen Bildern unser Bewusstsein öffnen. Die Wissende in uns hat Zugang zu dieser Ebene und versteht.

PFLANZEN DER GÖTTIN

Wacholder – Juniperus communis

Diese uralte magische Pflanze, die auch „Lebensbaum“ genannt wird, wurde in alten Zeiten ebenso wie der Holunder als heilig verehrt und mit einer Verbeugung gegrüßt.

Man glaubte, dass in der „Hüterin des Nierenfeuers“ Geister der Ahnen zu Hause wären. Schon die Kelten und Germanen verwendeten Holz, Harz und Beeren des Wacholders, um sich vor Krankheiten und bösen Geistern zu schützen. Besonders um die Wintersonnenwende und in den Raunächten räucherten sie damit Haus und Stall, um Mensch und Tier vor Krankheit zu bewahren. Als Lebensbaum galt der Wacholder seit jeher als wichtiger Schwellenbaum, der Sterbende über die Schwelle ins Licht begleitet. Auf magische Weise hält er die Verbindung zwischen Erde und Himmel, zwischen Diesseits und Jenseits.

Zu Zeiten der Pest und bis ins letzte Jahrhundert desinfizierte man mit der stark antibakteriell wirkenden Pflanze Krankenhäuser und Sterbezimmer. Heute steht der wildwachsende Wacholder wegen seiner Seltenheit unter Naturschutz, deshalb ernten wir nur seine heilkräftigen Beeren. Sie zu pflücken ist allerdings eine stachelige, schmerzhafte Angelegenheit, deshalb glaubte man in alten Zeiten, dass er Teufel und Hexen abwehrt.

Die dunkelblauen Wacholderbeeren, die harzig riechen und schmecken, bringen auf der Körperebene Bewegung in die Nieren und entfachen dort Feuer. In der Frauenheilkunde werden sie bei Unterleibskälte und Menstruationsbeschwerden eingesetzt, weil sie für Tiefenerwärmung sorgen. Schwangere Frauen sollten ihn allerdings meiden!

Als eine der wichtigsten und ältesten Räucherpflanzen schenkt der Wacholder, der auch „Wach-halter“ genannt wurde, kraftvollen Schutz und den Segen der Ahnen. Auf der Seelenebene hilft er dabei, uns innerlich aufzurichten und, verbunden mit Himmel und Erde, in unserer Kraft zu ruhen. Gerade zur Sonnenwende kann er Licht ins Dunkel bringen, Altes bereinigen, neue Lebensgeister wecken und ungeahnte innere Räume eröffnen. Als „Gin“ gebrannt, erfreut sich der Wacholder großer Beliebtheit, in der Küche macht das Gewürz Speisen bekömmlicher und regt den Appetit an.

Efeu – Hedera helix

Diese uralte immergrüne Pflanze kommt als Symbol für das ewige Leben Hand in Hand mit der Wintergöttin. Zur dunkelsten Zeit des Jahres holten die Kelten immergrüne Zweige von Efeu, Eibe, Mistel und Stechpalme ins Haus, um den

STILL WERDEN

Wir sind daran gewöhnt, dass unser Geist in einem permanenten Fluss dahinplätschert. Ein Gedanke löst den nächsten ab, ja ab und zu springen unsere unruhigen Gedanken sogar, überschlagen sich förmlich. Im Buddhismus spricht man vom „monkey mind", dem Affengeist, der nur schwer zu zähmen ist. Wie gut tut es, einfach mal Ruhe zu haben von dem ewigen Geplappere, den Fluss zu unterbrechen, einen Augenblick ohne Gedanken zu genießen und Geist und Seele kurz durchatmen zu lassen! Diese Idee liegt jeder Form der Meditation zugrunde, je öfter wir sie üben, desto rascher finden wir unsere Inseln der Ruhe.

> *Es gibt eine Stille, in der man meint, man müsse die einzelnen Minuten hören, wie sie in den Ozean der Ewigkeit hinunter tropfen.*
> ADALBERT STIFTER

guten Pflanzenspirits Heim und Schutz vor Kälte zu bieten. Wie sein lateinischer Name sagt, umklammert er alles, was ihm Halt gibt und schlängelt sich daran wie eine Himmelsleiter empor. Der Efeu gilt auch als Friedhofspflanze und wurde, wie die Eibe, mit dem Ende des Sonnenkreises assoziiert, ehe das Licht wiedergeboren wird. Besonders am Efeu ist, dass er erst zu blühen beginnt, wenn die Tage kürzer werden und seine Beeren im Winter reifen. Die schwarzen Früchte sind für uns giftig, für Vögel ein gefundenes Fressen. Er lebt auf der Schattenseite, in der Dunkelheit entwickelt er Blüten und Früchte, so zeigt er uns auf der symbolischen Ebene, was alles aus dem Dunkel in die Welt kommen kann. Efeu kann uns auf der Seelenebene dabei unterstützen, die Angst vor der Dunkelheit zu verlieren und unser inneres Licht zu finden. Seit alten Zeiten wird sein Harz in Räuchermischungen zum Wintersolstitium verwendet.

Versuch einmal, Dich still hinzusetzen – gleichgültig in welcher Haltung – die Augen zu schließen und ruhig und gleichmäßig zu atmen. Beobachte Deine Gedanken und versuch den Augenblick abzuwarten, in dem ein Gedanke vorübergezogen ist und der nächste noch nicht da ist. Nimm die wundervolle Leere und Stille dazwischen wahr, diesen magischen Zwischenraum. Wenn es Dir gelingt, alle inneren Geräusche abzustellen, wirst Du immer deutlicher einen Ruf aus der Tiefe hören – den Ruf Deines Herzens. Hör ihm zu und spür, dass Du in diesem Augenblick alles besitzt, um glücklich zu sein. Wenn Du einmal diese Erfahrung gemacht hast, wirst Du sie immer wieder erleben wollen. Die Göttin **Hestia** wird Dir bei Deiner inneren Sammlung zur Seite sein. Hier eine kleine Anregung zur Innenschau. Setz Dich in Ruhe hin, werde innerlich still und beantworte folgende Fragen:

- Was bewirkt Stille in mir? Wie gut kann ich mit Stille umgehen?
- Schaffe ich mir regelmäßig kleine Inseln der Ruhe?
- Wie gut kann ich mit mir alleine sein, ohne mich einsam zu fühlen?
- Wie gut fühle ich mich mit meiner inneren Führung verbunden?
- Wo ist die Quelle meiner Kraft, meines Wohlbefindens?
- Wo bin ich im Einklang mit mir?
- Höre ich die Pausen zwischen den Noten in der Musik?
- Kann ich das Ausatmen, das Ruhen, den Schlaf so wertschätzen wie das Einatmen, die Tat und das Wach-Sein?
- Lebe ich im Einklang mit der Natur? Halte ich mich im Freien auf ohne Leistungen zu vollbringen?

Einfach nur dasitzen und schweigen, der Stille eine Chance geben, sich überraschen lassen von Augenblicken, des „scheinbaren Nichts" und fühlen, wie die Stille der Seele die Möglichkeit schenkt, zu sprechen. Stille ist unsere Seelenmedizin, durch sie können wir das Leben in seiner unendlichen Vielfalt und Tiefe wahrnehmen. Dann hören wir den Ruf des ewigen Seins, der uns nach Hause zurückbringt – in unsere Mitte.

HEILSTEINE FÜR DIE GROSSE GÖTTIN

Aus Überlieferungen wissen wir, dass **Obsidiane** schon in der Steinzeit für Messer und Pfeilspitzen verwendet wurden. Später wurden sie als Schutz- und Heilsteine verehrt, die alten Griechen glaubten, dass sie die Energie des Lichts in die Seele brächten.

Der **Goldobsidian** unterscheidet sich von den anderen durch seine golden schimmernden Einschlüsse und gilt – im wahrsten Sinne des Wortes – als Lichtbringer in dunklen Zeiten, denn dieser sehr stark schwingende Stein wirkt heilend auf das Nervensystem, bei Ängsten und Depression. Er kann die Seele ausleuchten und verhilft zu tiefgehender geistiger Reinigung, da die Ursachen für Krankheiten und seelische Belastungen meist tief in unserem Unterbewusstsein verborgen sind.

Am intensivsten wirkt der Heilstein, wenn er auf die Stirn, das Dritte Auge, aufgelegt wird. Mit einem reinen Bergkristall als Begleiter wird er zu einem Lichtbringer, der verdrängte Erinnerungen an die Oberfläche unseres Bewusstseins zurückholen kann. So unterstützt er uns auf dem Weg der Selbsterkenntnis.

Der glasklare **Bergkristall** zählt zu den bekanntesten und magischsten Edelsteinen weltweit. Jahrhunderte lang glaubte man, dass es sich beim Bergkristall um versteinertes Eis handle.

Die Römer verehrten ihn als Sitz der Götter, als Symbol der Weisheit und Klarheit. Buddhisten verwenden ihn zur Meditation und erhoffen durch ihn die vollkommene Erleuchtung zu erlangen. Wahrsagern verhalf er in Form einer Kugel zum Blick in die Zukunft. Der Bergkristall bringt Licht und Klarheit über alle Chakren und hat neben seinen geistigen und intuitiven Kräften eine stark reinigende Wirkung auf Körper und Seele. Durch seine harmonisierende Entstrahlung bringt er all unsere Chakren in Resonanz und sorgt für eine klare Aura, deshalb ist er der Heilstein schlechthin, der beinahe zu allen Steinen als Begleiter verwendet werden sollte.

WURZELGEMÜSE AUS DEM OFEN (VEGAN)

Zutaten für 2 Personen:

- 200 g Knollensellerie
- 200 g dicke Petersilienwurzel
- 100 g dicke Karotten
- 1 kleine weiße Zwiebel
- 1 Knoblauchzehe (nach Belieben)
- 2–3 EL Kokosöl
- 1 EL Koriandersamen
- Salz, Pfeffer aus der Mühle
- ½ Bund glatte Petersilie
- 1 TL Schwarzkümmel
- 1 EL Kokoschips

Zubereitung:

- Backofen auf 180° Umluft vorheizen.
- Das Wurzelgemüse schälen und in gleichmäßige Stücke schneiden.
- Zwiebel schälen und in Ringe schneiden, Knoblauch schälen und fein hacken.
- Alles in eine ofenfeste Form geben und mit dem Kokosöl vermischen.
- Koriander frisch mahlen, mit Salz und frischem Pfeffer über das Gemüse streuen.
- Im Backofen ca. 30 Minuten bissfest schmoren, dabei mehrmals wenden.
- Petersilie waschen, trocken tupfen und fein hacken.
- Vor dem Servieren Petersiliengrün, Schwarzkümmel und Kokoschips über das Ofengemüse verteilen.

RITUAL – DAS FEUER BEFRAGEN

Flammen zu beobachten und Antworten aus ihnen zu lesen, ist eine der ältesten Formen des Orakelns. Ob Du das Feuer nun zur Sonnenwende, zu Silvester oder in der Perchtnacht befragen möchtest, ist dies immer eine schöne Art, Dich mit Deiner inneren Weisheit zu verbinden. An diesen besonderen Tagen ist das Feuerorakel besonders aussagekräftig. Die letzte Raunacht ist die große Festnacht der Göttin **Percht**, die „Nacht der Wunder". Wünsche und Rituale dieser Nacht sind besonders kraftvoll. Den Anfang im Ende finden, das Ende in den Anfang betten - der Kreis schließt sich.

- Bereite alles vor, um an einem geeigneten Platz in der Natur oder auf der Terrasse ein Feuer zu machen - ein Blumentopf aus Ton oder ein alter Kochtopf, Äste und Zapfen genügen. Wenn Du keine Möglichkeit dazu findest, zünde einfach zu Hause eine schöne Kerze an.
- Komm zur Ruhe, schließ die Augen und suche in Deinem inneren Raum nach einer wichtigen Frage, auf die Du von der weisen Göttin einen Hinweis erhalten möchtest. Stehen Entscheidungen an, gilt es Aufgaben zu lösen? Sie wird Dir auf ihre Art eine Antwort geben.
- Wenn die richtige Frage da ist, entzünde Dein Feuer oder die Kerze, bitte die Göttin um ihre Präsenz und setz Dich still hin. Lass Deine Augen zugehen und verbinde Dich mit Deiner Frage, warte so lange, bis sie Dich ganz erfüllt.
- Dann schau ganz ruhig in die Flammen und nimm Kontakt mit der Göttinnenenergie auf. Beobachte, wie die Glut sich verändert, wie sich da oder dort Formen zeigen. Vielleicht siehst Du kleine Flämmchen züngeln oder Rauch aufsteigen. Welche inneren Bilder, Gedanken und Gefühle lösen sie in Dir aus?
- Horch, ob das Feuer knistert und zischt oder ob alles ruhig bleibt. Mag sein, dass Du eine Antwort im Knacken des Holzes hörst oder in der Glut siehst. All das sind Hinweise der Göttin, die von Dir gedeutet werden können.
- Bleib so lange dabei, bis eine stimmige „Antwort" in Dir auftaucht, dann schließ wieder Deine Augen und spür ihr nach. Selbst wenn Du sie vielleicht noch nicht ganz verstehst, bedank Dich dafür und beende Dein Ritual indem Du die Flammen löschst. Sei ganz entspannt, es muss nichts dabei „herauskommen", das Ritual an sich bewirkt schon viel.

Ausklang

Im Reigen des Jahreskreises zeigen sich verschiedene Göttinnen, zu denen sich ein bunter Bogen aus archetypisch stimmigen Meditationen, Reflexionen und Anregungen für innere und äußere Bilder entfaltet, der so manche Saite in Dir zum Klingen bringen wird.

Wie immer Du Dein ganz eigenes Band zur Göttin weben wirst, verbinde Dich mit der Dir innewohnenden Magie, such die umarmende, heilende Stille tief in Dir und horch auf Deine Seelenmelodie. Gib Dich den Wogen Deiner Gefühle hin, nähre die Kraft des Feuers in Dir und erwecke die schöpferische Kraft und Weisheit Deiner inneren Ressourcen. Lass Dich von der Göttin mit ihren Tausenden Namen und Gesichtern mit liebender Hand führen, um leichten Schrittes durch Deinen Lebenskreis zu tanzen.

Mögen Dir wunder-volle Inspirationen, Augenblicke der Erkenntnis und heilsame Erfahrungen zuteilwerden. Mögest Du all der Gaben gewahr werden, die Dir von der Göttin gegeben sind und sie dankbar annehmen - wissend, dass alles möglich ist, wenn Du Dich liebst, wie Du bist. Mögest Du fühlen, dass das, was in Deinen Tiefen lebt, im Außen erwachen darf, in der Hingabe an das Leben.

Glossar

Aphrodite
griechische Göttin der Liebe, der Schönheit und der Kreativität, Archetyp der Liebenden

Artemis
griechische Göttin der Jagd und des Mondes, Beschützerin der Kinder, Tiere und Frauen

Athene
griechische Göttin der Weisheit und der Künste, Kriegerin und Strategin

Beltane
irisches Mondfest am 1.Mai, Walpurgisnacht

Brigid
irische Göttin des Feuers, der Schmiedekunst, der Heiler und Dichter, Beschützerin der Schwangeren und Säuglinge, Archetyp des Inneren Mädchens

Ceres
römische Muttergöttin des Ackerbaus und der Fruchtbarkeit, Beschützerin der Erde

Demeter
griechische Muttergöttin der Kornfelder, Personifizierung des mütterlichen Archetyps

Deva
in der vedischen Religion Bezeichnung für ein göttliches Wesen.

Diana
römische Göttin der Jagd, des Mondes und der Sonne, Beschützerin der Ehre der Frauen

Flora
römische Göttin der Blüten, der Fruchtbarkeit und Erotik, sie wird mit dem Frühling assoziiert

Frauendreißiger
Tage zwischen den Festen Mariä Himmelfahrt am 15. August und Mariä Namen am 12. September, die als besondere Gnadenzeit gelten

Freya
germanische Göttin der Liebe, Maikönigin

Frigg
germanische Muttergöttin

Frühlingsäquinoktium
Frühlings- Tagundnachtgleiche, Frühlingsbeginn am 21. März, Sonnenfest Ostara

Gaia
griechische Erdgöttin, die Große Mutter, in der Mythologie die personifizierte Erde

Hekate
griechische Göttin der übersinnlichen und intuitiven Weisheit, Göttin der Weggabelungen und Übergänge, Königin der Nacht

Hel
nordische Göttin der Schattenwelt und der Transformation

Hera
griechische Himmelsgöttin, Schirmherrin der Ehe und Familie und Schutzgöttin gebärender Frauen, Archetyp der Ehefrau

Herbst- Tagundnachtgleiche
Herbstäquinoktium, Herbstbeginn um den 21-23. September, Mabon

Hestia
griechische Göttin des Herdes und des Tempels, Hüterin des heiligen Feuers

Hygieia
griechische Göttin der Gesundheit, Schutzpatronin der Apotheker

Idun
nordische Göttin des Neubeginns und der Inspiration, Mädchengöttin

Imbolc
irisch-keltisches Mondfest am 2.Februar, keltischer Frühlingsanfang, Fest der Göttin Brigid, Lichtfest Mariä Lichtmess

Kore
das archetypische Mädchen

Lammas
irisches Schnitterinnenfest am 2. August, Lughnasadh, Erntedankfest

Mariä Himmelfahrt
offiziell „Mariä Aufnahme in den Himmel" am 15. August, Großer Frauentag, bedeutendstes Marienfest des Jahres in der katholischen Kirche

Minerva
römische Göttin der Weisheit, des Krieges und der Heilung, der griechischen Athene gleichgesetzt

Mütternächte
Zeitraum zwischen der Wintersonnenwende am 21. Dezember und dem 25. Dezember, unserem Christtag, bei den Germanen galt das Wintersolstitium als Mutter aller Nächte

Nerthus, später Hertha
germanische Göttin der Erde

Perchta
germanische Muttergöttin, Herrin der Raunächte, Anführerin der Wilden Jagd, Wintergöttin

Persephone
griechische Göttin in dualer Erscheinung – ewiges Mädchen und Königin der Unterwelt

Raunächte
zwölf heilige Nächte zwischen Weihnachten und dem Tag der Heiligen Drei Könige am 6. Januar, Losnächte, Schwellenzeit

Samhain
irisch-keltisches Dunkelheitsfest am 31. Oktober- 1. November, Allerheiligen, Allerseelen

Sirona
keltische Göttin des Heilwassers

Skadi
nordische Göttin der Jagd, Archetyp des ungezähmten Mädchens

Sommersonnenwende
Sommersolstitium am 21. Juni, Sommerbeginn, längster Tag, kürzeste Nacht

Venus
römische Göttin der Liebe, der Harmonie, der Schönheit und des Friedens, Archetyp der sinnlichen Geliebten

Wintersonnenwende
Wintersolstitium am 21. Dezember, Wiedergeburt des Lichts, Winterbeginn, kürzester Tag, längste Nacht, Yule

Register

BILDNACHWEIS

Mit 113 Farbfotos von Dorothea Neumayr

IMPRESSUM

Umschlaggestaltung von Gramisci Editorial Design, München/Claudia Geffert unter Verwendung von 3 Illustrationen von Shutterstock. Die Cover-Illustration zeigt eine mit Blättern und Blumen bewachsene Frauenfigur.

Mit 113 Farbfotos.

Unser gesamtes Programm finden Sie unter **kosmos.de/nymphenburger**

Gedruckt auf chlorfrei gebleichtem Papier

FSC www.fsc.org MIX Papier | Fördert gute Waldnutzung FSC® C004592

ISBN 978-3-96860-073-4
Projektleitung und Redaktion: Monika Riedlinger-Sinanmis, Laila Prota
Gestaltungskonzept: Gramisci Editorial Design, München/Claudia Geffert
Gestaltung und Satz: Katrin Kleinschrot, Stuttgart
Produktion: Kim Kanstinger
Druck und Bindung: FIRMENGRUPPE APPL, aprinta druck, Wemding
Printed in Germany / Imprimé en Allemagne

Neue Energie für den Tag

Die **Blume des Lebens** ist ein uraltes Symbol der heiligen Geometrie und ein Sinnbild für Unendlichkeit und vollkommene Harmonie, für die Einheit von Körper, Seele und Geist.
Diesem Symbol wird eine harmonisierende und schützende Wirkung zugeschrieben. Egal, ob wir es visualisieren, auf Wasser übertragen oder anderweitig anwenden, es schützt uns und lässt uns wieder in die universelle Ordnung zurückkehren.

Zum Loslassen von allem, was Dich jetzt gerade schwächt, setz Dich in Ruhe hin und schau solange auf das Bild, bis Du tief durchatmen kannst. Damit erschaffst Du im Feld Deiner Lebensenergie wieder Freiräume für Neues.
Lass diese kleine Übung zu einem täglichen Ritual werden und spür die Veränderung!